E F G

L M N

S T U

Z

Das große österreichische ABC Vorlesebuch

Geschichten von A bis Z

www.ggverlag.at

2. Auflage 2022

ISBN 978-3-7074-2266-5

Texte: Susa Hämmerle, Michaela Holzinger, Kai Aline Hula,
Christine Rettl, Franz Sales Sklenitzka, Jutta Treiber
Illustrationen: Elke Broska, Carola Holland, Petra Probst,
Katharina Reichert, Cornelia Seelmann, Dorothea Tust
Illustrationen Cover, Schmutz- und Innentitel: Cornelia Seelmann
Illustrationen Buchrückseite: Elke Broska

In der aktuell gültigen Rechtschreibung

Gesamtherstellung: Imprint, Ljubljana

Das große österreichische ABC Vorlesebuch

Geschichten von A bis Z

Inhalt

Affenbande

Abab saß niedergeschlagen im Blätterdach. Den ganzen Tag hatten die anderen Affen ihn veralbert. Den Anführer dabei gab Alf, mit seinem zackigen: „Attacke!“ Und ehe Abab sich’s versah, prasselte ein Hagel harter Samenkapseln auf ihn herab … oder er zappelte in einer Lianenfalle … oder er hatte angriffslustige Ameisen am Hals!

Abab ballte die Faust. Noch immer klang ihm das schadenfrohe Geschnatter der Affenbande im Ohr und noch immer brannten die Bisse der Ameisen.

Er starrte einem Ara nach, der flatternd über dem Urwald entschwand. Und plötzlich stand ein Plan klar und gewagt vor Abab: Er würde abhauen, noch heute Nacht! Denn es gab am Amazonas bestimmt einen Platz für Affen wie ihn –

die so gar keinen Spaß an sogenanntem „Affenspaß“ hatten. Von Ast zu Ast, von Stamm zu Stamm ... untertags hangelte sich Abab ohne nachzudenken voran.

Aber jetzt, in dieser schwarzen Nacht ... Er hatte Angst. Was, wenn er danebengriff? Und abstürzte? ... Der Aufprall am Waldboden. Das Tappen des Jaguars ...

„Basta und aus!“, befahl Abab sich selber. Obwohl sein Herz raste, packte er die nächste Liane und schwang und schwankte – bis er einen Landeplatz fand.

Die ausladende Astgabel war ideal für eine Rast. Also schlang Abab die haarigen Arme um seinen Bauch. Das gab ihm Kraft. Und neuen Antrieb. Er war gut vorangekommen.

Ein angenehmes Leben, fernab der albernen Affenbande, wartete auf ihn ...

Doch was war das? Der Warnlaut eines Schwarzen Aguti, eines Nagetiers, ließ Abab auffahren. Er knallte gegen einen Ast, verlor die Balance, hampelte krampfhaft mit Armen und Beinen – dann fand sein Schwanz Halt. Japsend hing Abab da. Einen Atemzug später aber erkannte er, wo er hing.

Abab baumelte im eigenen, altbekannten Affenbaum!
Das gab es einfach nicht, er hatte sich im Kreis durch den Urwald gehangelt!
Fassungslos sah Abab sich um. Der Morgen brach schon an. Die anderen Affen schliefen noch, jeder in seiner angestammten Astgabel. Und Alf blaffte im Traum leise, aber zackig: „Attacke!"
Alles Weitere passierte rasend schnell. Wieder warnte der Schwarze Aguti. Was war die Gefahr? Ein drahtiger Schatten, er sprang … geradewegs in Richtung Alf.
„Attacke!" Etwas anderes fiel Abab in seiner Panik nicht ein. Aber es half. Alf machte einen Satz nach links – und entkam den Pranken des Jaguars.
Augenblicklich brach im Affenbaum ein achtfaches Geschnatter los. Es war so laut, dass der Jaguar sich davonmachte.
Nun setzte schlagartig Stille ein. Die sieben aus dem Schlaf aufgeschreckten Affen gafften einander einfach nur an.

A

Dann aber, nach einer langen Weile, hangelte sich Alf zu Abab. „Danke, Alter!“, sagte er und kraulte ihm den Bart. Von diesem Tag an war bei der Affenbande alles anders. Ameisen-Attacken, Lianen-Fallen, jemanden auslachen? Das gehörte der Vergangenheit an. Und einen Anführer? Den brauchte auch niemand mehr.
Die Affen handelten gemeinsam aus,
was sie machen wollten.

Fangen spielen etwa oder „akrobatische Ast-Kraxelei“.
Besonders lustig fand die Bande aber ein Spiel, das sich Abab ausgedacht hatte. Er nannte es: „Armer schwarzer Affe.“
Es war zum Zerschnattern komisch!
Und so hatte sich Ababs Traum eines angenehmen Lebens am Amazonas doch noch erfüllt. Und was das Schönste daran war: Es machte allen, ausnahmslos allen Affen gewaltig viel Spaß!

A

Brille gesucht!

„Hast du meine Brille gesehen?", fragt der Busfahrer seine Frau Berta.

„Ohne meine Brille kann ich morgen nicht Bus fahren."

„Nein", sagt Berta.

„Vielleicht in deiner Jackentasche?"

Der Busfahrer greift in seine Jackentasche. Keine Brille. Wie sonderbar.

„Hast du meine Brille gesehen?", fragt der Busfahrer seine Tochter Bea.

Bea verdreht die Augen. „Hast du schon wieder etwas verloren?"

„Nur verlegt", sagt der Busfahrer.

„Vielleicht in der Küche?", fragt Bea. „Oder im Klo?"

Der Busfahrer schaut in der Küche, im Klo, im Badezimmer, im Vorzimmer und in seinen Schuhen nach. Seine Brille findet er nicht. Wie betrüblich.

„Hast du meine Brille gesehen?“, fragt der Busfahrer seinen Sohn Benni.

Benni tippt an seine Kopfhörer.

Der Busfahrer formt mit seinen Fingern zwei Kreise und hält sie an die Augen. Benni macht mit den Händen ein Lenkrad nach.

Das heißt: Vielleicht im Auto?

Aber der Busfahrer ist zu Fuß von der Arbeit gekommen.

Im Auto kann die Brille nicht sein. Langsam wird er brummig.

Der Busfahrer versucht, sich zu erinnern.

Was hat er nach dem Busfahren getan?

Natürlich! Er hat Brot für das Abendessen gekauft.

Der Busfahrer läuft zum Bäcker.

Der will gerade zusperren.

„Entschuldigung“, keucht der Busfahrer. „Habe ich meine Brille hier gelassen?“

„Nein“, sagt der Bäcker. „Aber gehört Ihnen dieser Blumenstrauß? Den hat jemand vergessen.“

„Aber ja!“, sagt der Busfahrer und nimmt den Blumenstrauß. „Vielen Dank.“

B

Der Busfahrer läuft zum Blumengeschäft.
„Geschlossen", steht auf dem Schild an der Tür. Der Busfahrer hält Hände und Kopf an die Scheibe. Drinnen ist es dunkel.
Da wird die Tür geöffnet.
„Ja, bitte?", fragt die Blumenverkäuferin.
„Haben Sie etwas vergessen?"
„Meine Brille", sagt der Busfahrer.
„Leider nicht bei mir",
sagt die Blumenverkäuferin.
Wie undurchschaubar.
Berta freut sich über die
Blumen, doch das kann den Busfahrer nicht aufheitern.
Betreten putzt er sich vor dem Schlafengehen die Zähne.
„Was werden nur die Leute sagen", denkt er, „wenn der Bus Nummer 7B morgen nicht fährt? Ohne Brille sehe ich nicht einmal bis zur nächsten Ampel. Wie blöd!"
Am nächsten Morgen geht der Busfahrer beschämt zur Arbeit. Er fragt alle Busfahrerkollegen, ob sie seine Brille gesehen haben.

Beim Bus Nummer 7B warten schon einige Leute. „Leider kann der Bus heute nicht fahren“, sagt der Busfahrer unglücklich. „Ich habe meine Brille verloren. Ohne Brille kann ich nicht fahren.“ „Ist es eine blaue Brille?“, fragt ein Mädchen. „Mit gelbem Rand?“

„Ja!“, antwortet der Busfahrer.

„Die liegt doch da im Bus“, sagt das Mädchen und lacht.

Der Busfahrer sperrt den Bus auf. Tatsächlich, da liegt seine Brille. Genau da, wo er sie abgelegt hat, bevor er einen Bekannten auf der Straße gesehen hat.

Der Busfahrer setzt die Brille auf.

Wie unglaublich.

„Fährt der Bus jetzt doch?“, fragt jemand.

„Ja“, sagt der Busfahrer und lächelt die Leute an.

„Abfahrt!“

Camping

„Wohin fahrt ihr heuer auf Urlaub?“, fragt Oma, als sie zu Besuch kommt. „Caorle? Capri? Casablanca? Caracas?

„Der Anfangsbuchstabe stimmt“, sagt Mama geheimnisvoll. Clemens und Christina spitzen die Ohren. Papa lüftet das Geheimnis. „Campen“, sagt er. „Campen mitten in der Natur. Wie früher, als ich ein Kind war.“

Christina und Clemens schweigen überrascht.

„Die Cernys kommen auch mit“, sagt Mama.

„Cool“, sagen Clemens und Christina im Chor.

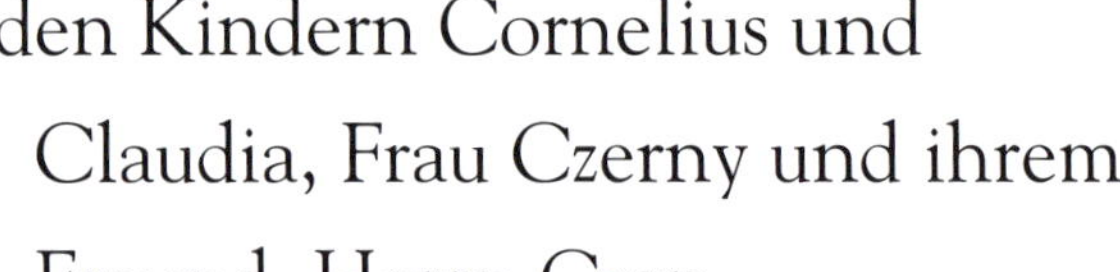

Die Familie Cerny besteht aus den Kindern Cornelius und Claudia, Frau Czerny und ihrem Freund, Herrn Czap.

„Der Czap kann prima kochen“, sagt Christina. „Das weiß ich von Claudia.“

„‚Urlaub wie früher‘, heißt: ohne Computer“, sagt Papa.

Clemens schluckt. „Ohne Computer?“

„Keine Chance“, sagt Mama.
„Aber meine Comic-Hefte nehm ich mit“, sagt Clemens.
„Und ich den Camcorder“, sagt Papa.

Der Campingurlaub in der Natur wird ein Erlebnis. Tautropfen glitzern morgens im Gras. Eichhörnchen spielen Nachlaufen auf dem Dach des Campingbusses. Gefrühstückt wird im Freien. 
Papa meldet sich am ersten Tag freiwillig zum Kochen. Er schnipselt die Champignons fürs Mittagessen. Dazu gibt es gebackenen Camembert. Ab und zu holen sie Cheeseburger vom nahen Schnellimbiss. Oder Cevapcici. Oder Canneloni.
Herr Czap kann wirklich prima kochen.
Einmal macht er Chilihuhn mit Broccoli. Das loben alle.
Clemens und Christina, Cornelius und Claudia treffen

neue Freunde: Charly und Chloe, Chiara, Chalid, Celine.
Und die zutrauliche Camilla. Camilla ist ein Collie, eine Schottische Schäferhündin. Sie gehört den Christensens, einem alten Ehepaar.
Schwimmen gehen. Federball spielen. Abends bei Laternenschein in den Sternenhimmel schauen, bis die Augen zufallen.
Die Schule? Weit weg. Mamas Chef? Noch weiter.
Mama schreibt ihm eine Ansichtskarte. Wie früher.
Aufräumen? Selten. Pünktlich zu Hause sein? Nicht so wichtig.
Die Eltern? Nachsichtig. Die Zeit vergeht wie im Flug.

Doch eines Tages mault Claudia:
„Der Weg zum WC ist so weit."
„Ich kann die Dosenwürstchen nicht mehr riechen", murrt Clemens, „und Currywurst nicht mehr sehen."

„Die vielen Stechmücken!", ärgert sich Christina.
„Ich mag keinen Tee mit Chlorwasser", schimpft Cornelius. „Da ist ja Cola noch gesünder."
„Papa schnarcht", sagt Christina.
„Ch... ch... ch... ch..."
„Ich? Ich schnarche doch nicht", sagt Papa und wirft Mama einen fragenden Blick zu.
„Doch", sagen Christina und Clemens im Chor.
„Es wird langsam anstrengend", sagt Frau Cerny.
„Zeit für die Heimfahrt", sagt Papa.
Niemand hat was dagegen.

„Ciao", sagt Claudia zum Abschied zur Collie-Hündin und krault Camilla hinter den Ohren.
Papa und Mama, Frau Cerny und Herr Czap trinken noch rasch einen Capuccino im nahen Café.

„Manche Leute wie die alten Christensens campieren das ganze Jahr“, sagt Mama, als sie schon alle im Campingbus sitzen. „Die sind hier auf dem Campingplatz zu Hause. Sie sehen die Clowns und Cowboys im Fasching kommen und gehen und das Christkind im Dezember.“

„Und die Cernys und uns im August“, sagt Christina.

Didi Delfin

Als Didi, der Delfinbub, drei Jahre alt wurde,
düste er mit Mama Delfin durch die dänische Südsee.
Didi war nicht dumm, denn er dachte über alles nach.
Er bewunderte die dicht gedrängten Scharen der dünnen und dicken Fische.
Didi fand es wunderbar, das Dunkel des Meeres nach ihnen zu durchforsten.
Dann und wann durchschwammen es dünne Seenadeln.
Gerne durchwanderte Didi silbern schimmernde Sardinenwolken. Dabei landete hin und wieder eine in seinem Mund.
„Hm, delikat“, fand Didi.
„Vorsicht! Drachenkopf“, warnte ihn Mama Delfin.
„Dieser Fisch stellt sich schlafend.
Sein Gift ist tödlich.“
„Dort drüben schwimmt noch einer“,
bemerkte Didi.

Einmal war er drauf und dran, unter einem Dampfer durchzuschwimmen.

„Das ist dumm und gefährlich", fand Mama Delfin. „Lass das sein", redete sie auf ihn ein. „Sonst endest du irgendwann in der Dose wie die da."

„Wie die da? Oder die da?", erkundigte sich Didi und deutete zuerst auf die Meeresschildkröte, die an ihnen vorüberpaddelte. Dann deutete er auf ein paar Dorsche, die dicht gedrängt an ihnen vorüberzogen.

Die Delfinmama wendete und deutete auf den Schwarm Sardellen dahinter. „Dosensardellen", dröhnte sie.

Das fand Didi komisch. „Was sind Dosen?", fragte er.

Mama Delfin dümpelte mit ihm im schlammigen Grund.

„Da drunter liegt lauter Plunder", klagte sie.

Didi entdeckte ganz verdeckt drei Flundern. „Ihr seid Plunder", neckte er sie.

Die drei Flundern wunderten sich, schauten dumm drein und verschwanden wieder.

Endlich fand Mama Delfin drei offene Konservendosen. Didi stupste eine nach der anderen an. „Leer“, stellte er fest. „Da waren mal dreißig Sardellen drin“, sagte Mama Delfin düster. „Gefangen von den Feinden droben im Dampfschiff.

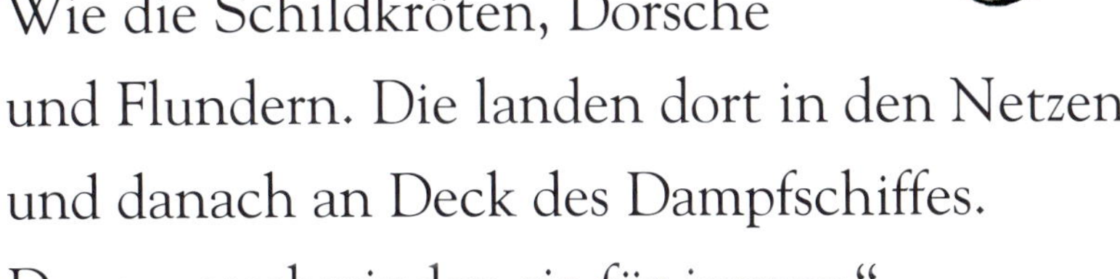

Wie die Schildkröten, Dorsche und Flundern. Die landen dort in den Netzen und danach an Deck des Dampfschiffes. Dann verschwinden sie für immer.“

Seepferdchen ruderten an den Delfinen vorbei. Drückerfische suchten nach Garnelen im Sandboden. Ein Doktorfisch schwamm schaukelnd vorüber.

Didi dachte nach und verstand. „Die dort oben sind Fressfeinde“, sagte er.
Mama Delfin nickte. „Und uns Delfine wollen sie dressieren.“
„Das kann uns nicht passieren“, dichtete Didi und glitt neben ihr dahin. Dann schnellten die beiden Delfine nach oben.
Sie sprangen über die Wellen, drehten sich in der Luft, tauchten ein, schnellten hoch und drehten sich wieder.
An Deck des Dampfers riefen die Menschen: „Delfine!“
Da erschrak Didi und düste mit Mama Delfin auf und davon.

Die elfte Elfe

Elli war das elfte Elfenkind.
Sie liebte Edelsteine,
Pulverschnee und Erdbeertee
und hasste eigentlich nur eines:
Dauernd wollten ihre älteren Geschwister sie belehren!
„Elli, nein! Du webst den Nebel zu klebrig!“ oder: „Das soll Schweben sein? Ehrlich, Elli, du wedelst wie ein beschwipster Schmetterling!“
Eines Tages spielten sie über dem Entensee Fangen. Beim Abzählen: „Emu ena erisder ...“ verhaspelte sich Elli. Und bekam deswegen gleich schwesterliche Nachhilfe in „Alter Elfensprache“.

Da hatte Elli endgültig genug. „Ihr nervt!", fauchte sie. „Jetzt sage ICH euch einmal etwas: Ene mene Entendreck, die elfte Elfe, die ist weg!"

Es war erstaunlich. Elli musste, ohne es zu wissen, den Raketenreim erwischt haben.

Jedenfalls wurde sie extrem schnell weggeweht. Und landete Sekunden später auf einer wunderschönen Wiese. Glockenblumen, Federnelken, Engelwurz – entzückt schwirrte Elli von Blüte zu Blüte. Welch betörend-herrlicher Duft! Noch herrlicher aber war, dass weit und breit niemand meckerte: „Also echt, Elli, du flatterst herum wie ein beschwips-"

„E-weh! E-weh!", gellte in Ellis Ohren plötzlich ein jämmerliches Geschrei.

Erschrocken blickte sie sich um. Direkt neben ihr stand mit gespreizten vier Beinen ein großes Tier. Es war ... Elli kannte diese Tiere ... und kannte sich trotzdem hinten und vorne nicht mehr aus. Denn seit wann schrie ein Esel: „E-weh"? Verdattert flatterte Elli näher. Der Esel bemerkte sie nicht. Wie wild geworden schrie und schrie er und schüttelte dabei den Kopf.

Also schwebte Elli dicht vor seine Augen.

Der Esel schielte die Elfe verzweifelt an.

„E-je! Eine We-! In meinem re-"

Mehr brachte er nicht heraus.

Elli erkannte dennoch das Problem.

Denn aus dem rechten Eselsohr ertönte jetzt ein wütendes Summen. Ojemine, das hörte sich nach verflogener Wespe an! Der arme Esel!

Elli überlegte rasend schnell. Und hatte eine gewagte Idee: So befehlend, wie sie es zustande brachte, wisperte sie dem Esel ins Ohr: „Ene mene Eselspeck, Wespe fliege schleunigst weg!“

Es klappte! Der abgewandelte Raketenreim schleuderte die Wespe regelrecht heraus. Wie ein Geschoss zischte sie davon – auf Nimmerwiedersehen. Der Esel wackelte erleichtert mit den Ohren. „I-Ah!“, lachte er. „Ich danke dir, Elfe, von Herzen, ernsthaft, ehrlich, sehr!“

Und dann tat der frohe Esel genau das, weswegen er auf die Wiese gekommen war. Er kaute massenhaft Disteln.

Elli ruhte sich währenddessen auf seinem Rücken aus. Bis sie ein zehnfaches Rufen hörte: „Elli, bitte antworte! Es tut uns leid!“

Elli beschloss, nicht nachtragend zu sein. Und so geschah es, dass im Elfenland ein denkwürdiges Schauspiel zu sehen war: Elf Elfengeschwister schwebten um elf Uhr elf mit einem Esel im Schlepptau zum Entensee. Wo sie – ene mene Eselei! – jede Menge Unsinn machten ... und die Zeiten der Belehrung waren endgültig vorbei!

Freddys großer Flug

„Heute mach ich's!", sagt Freddy Flughund zu seinen fünf Schwestern.

„Sicher?", fragt Federica.

„Ganz sicher", sagt Freddy und spreizt seine Flügel zur Probe.

„Und du hast keine Angst?", fragt Flora.

„Überhaupt nicht." Freddy reckt seine Brust.

„Bis jetzt hast du dich aber auch nicht getraut", piepst Fanny.

Freddy wirft Fanny einen finsteren Blick zu. „Bis jetzt war es mir eben egal."

„Wir werden ja sehen", sagen Frieda und Fidelia gleichzeitig.

Freddys fünf Schwestern haben den großen Flug schon geschafft. Sogar Fanny und die ist die Kleinste! Dabei ist der große Flug alles andere als einfach! Man muss einen Salto schlagen, sich den Wasserfall hinunterstürzen, einen Slalom zwischen den Fichtenbäumen fliegen und zum Schluss durch die Fledermaushöhle flitzen.

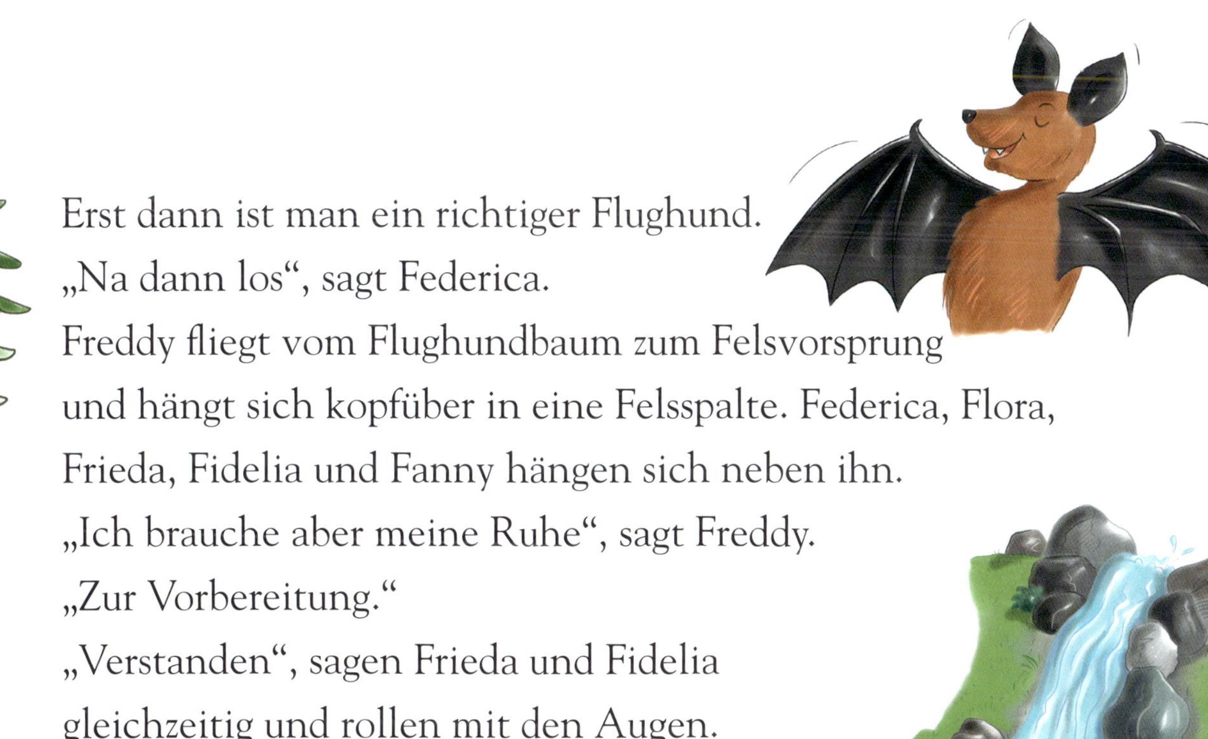

Erst dann ist man ein richtiger Flughund.
„Na dann los“, sagt Federica.
Freddy fliegt vom Flughundbaum zum Felsvorsprung und hängt sich kopfüber in eine Felsspalte. Federica, Flora, Frieda, Fidelia und Fanny hängen sich neben ihn.
„Ich brauche aber meine Ruhe“, sagt Freddy.
„Zur Vorbereitung.“
„Verstanden“, sagen Frieda und Fidelia gleichzeitig und rollen mit den Augen.
„Wir teilen uns auf“, bestimmt Federica.
„Damit du nicht schummelst.“
„Ich schummle sowieso nicht“, sagt Freddy.

„Ich warte beim Fluss“, sagt Federica. „Flora und Frieda, ihr fliegt zum Wasserfall. Fidelia, du kontrollierst bei den Fichtenbäumen.“

Freddy wird ein bisschen übel.
„Und ich?“, fragt Fanny.
„Du“, antwortet Federica, „bist zu klein.“
„Stimmt gar nicht!“, ruft Fanny. „Ich hab den großen Flug schon geschafft! Ich bin besser als Freddy!“
„Na toll“, denkt Freddy.
„Meinetwegen“, sagt Federica. „Dann wartest du eben beim Höhlenausgang.“
Und schon flattern alle fünf davon.

Freddy bleibt mit klopfendem Herzen zurück.
Soll er sich wirklich trauen? Freddy schaut hinüber zum Flughundbaum. Was wohl alle sagen würden, wenn er sich diesmal schon wieder nicht traut? Nein, diesmal muss er es schaffen! Freddy nimmt all seinen Mut zusammen und lässt

sich fallen. Beim Salto wird ihm schwindlig, doch er kann sich rechtzeitig auffangen. Er flattert weiter zum Wasserfall. „Nicht hinunterschauen“, denkt Freddy, „bloß nicht hinunterschauen!“

Sollte nicht Flora hier irgendwo warten?

Freddy beißt die Zähne zusammen und stürzt sich in die Tiefe. Immer näher kommt das Wasser und Freddy bremst sich gerade noch ein. Er jubelt innerlich. Der Slalom durch die Fichtenbäume wird ein Klacks dagegen! Links, rechts, links, rechts, Freddy ist noch nie so gut geflogen! Hoffentlich sieht Fidelia ihn gut von ihrem Versteck aus.

Jetzt noch in die Fledermaushöhle. Freddy späht in die Dunkelheit. Angeblich ist ein Flughund einmal von den Fledermäusen in die Irre geführt worden und hat nie wieder aus der Höhle herausgefunden. Freddy wird fast schlecht. Und wenn er einfach außen herumfliegt? Freddy sieht sich um. Ist das eine Flughundnase unter dem großen Felsen dort?

Freddy kneift die Augen zusammen. Schauen da nicht Flughundohren hinter dem Baum hervor? Und das dort, das ist eindeutig Federicas Flügelspitze. Die glauben wohl, er schummelt! Denen wird er es zeigen!

Freddy spannt seine Flügel so weit wie möglich und wirft sich in die dunkle Höhle. Drinnen ist es ganz still. Freddy fliegt, so schnell er kann, ohne sich umzusehen. Da kommt schon der Ausgang! Ein letzter Flügelschlag und Freddy ist wieder im Sonnenlicht. Stolz hängt er sich an den nächsten Baum.

Seine Schwestern werden Augen machen.

Freddy ist eben doch ein echter Flughund!

Oweia, ein Gruselgeier!

Gräfin Gloria besteigt mit Gärtner Gregor gerne die Gipfel der großen Geröllberge, um der Großstadt zu entfliehen. Eines Tages allerdings werden sie von einem Gewitter umzingelt. Vor Sorge guckt die Gräfin auf einen schäbigen Wegweiser. „So ein Glück!“, sagt sie. „Geradeaus muss das Gasthaus ‚Zum goldenen Geier‘ sein. Jetzt sind wir gerettet!“

Als sie jedoch vor dem grottenhässlichen Gasthaus stehen, verzieht der Gärtner das Gesicht. „Geschätzte Gräfin!“, entgegnet er. „Das sieht aber gar nicht gemütlich aus!“

„Gregor, verzagen Sie nicht“, sagt die Gräfin. „Das liegt nur am Gewitter!“

In der Gaststube ist kein Gast zu sehen. Auch der Gastwirt ist nicht da, stattdessen hängt ein Schild vom Gebälk: „Gehen Sie in ein Zimmer.”

„Na gut“, gähnt die Gräfin und geht mit Gärtner Gregor in das nächstgelegene Zimmer.

Gleich darauf schlafen sie tief und fest …

Allerdings nicht lange. Da hört Gregor ein Geräusch: „Groll-Groll.”

Gregor guckt. Eine geheimnisvolle Gestalt grinst ihn an. Mit giftigen Augen und einer rostigen Gießkanne.

Vor Angst greift er nach der Hand der Gräfin.

„Da geistert ein Gnom durchs Zimmer!“

Die Gräfin ist jedoch viel zu müde.

„Gregor, verzagen Sie nicht“, grunzt sie im Halbschlaf. „Das liegt nur am Gewitter!“

Hastig macht Gregor die Augen zu, da hört er wieder ein Geräusch: „Glotz-Glotz.”

Eine noch viel geheimnisvollere Gestalt mit grauweißem Umhang und grässlichem Singsang gleitet geräuschlos über den Boden. Gleich daneben klappert ein knochiger Geselle mit seinem Gebiss.

„Da geistern ein Gespenst und ein Skelett durchs Gemach!", wimmert Gregor.

Die Gräfin grummelt wie ein Grizzlybär. „Gregor, verzagen Sie nicht", grunzt sie. „Das liegt garantiert nur am Gewitter!"

Doch der Gärtner hört schon wieder ein Geräusch: „Garr-Garr."

Gar grauslich ist die Gestalt, die mit gigantischen Flügeln nach ihm greift.

Vor Angst schüttelt Gregor die Gräfin am ganzen Körper und schreit, so laut er kann: „Der Gruselgeier will uns holen! Können Sie nicht endlich was tun?"

Da wird es der Gräfin doch zu dumm. Sie springt auf und brüllt: „Geben Sie augenblicklich Ruhe, das ist ein Befehl!“
Und tatsächlich! Wie von Geisterhand verschwinden die Geister.
Gärtner Gregor ist sehr stolz auf seine Gräfin.
Am nächsten Morgen jedoch plagt Gregor die Neugier.
„Wie ist es möglich, dass Sie das Geheul gestern nicht gehört haben?“
Gräfin Gloria grinst. „Gehörstöpsel und eine Schlafmaske, das ist mein Geheimnis gegen grässliches Gewitter. Bei Gelegenheit sollten Sie sich diese Dinge auch zulegen“, sagt sie und legt Geld in die Gaststube.

„Und jetzt kommen Sie, werter Gregor. Das Gewitter hat sich längst verzogen. Die Berge gehören heute uns!"
Gut gelaunt geht die Gräfin voran.
Nur Gärtner Gregor guckt verdutzt.
Bei Tageslicht sieht der Wegweiser zum Gasthaus gänzlich anders aus.

G

Hermes Ehrlich schneidet Haare einfach herrlich

Hermes Ehrlich ist ein herrlicher Frisör.
Doch seit sein Haarsalon neu hergerichtet wird, hat er kaum noch Kundschaft.
„Gehen Sie doch zu den Leuten nach Hause", schlägt Hausfrau Hannelore vor. Sie ist derzeit die Einzige, die zu ihm kommt, um sich die Haare eindrehen zu lassen.
„Das haut hin?", fragt er.
Die Hausfrau nickt. „Mit einem Aushang an den Häuserecken.
Schreiben Sie:
‚Hermes Ehrlich schneidet Haare einfach herrlich.
In Ihrem Zuhause!'
Sie werden sehen, das hilft!"
Tatsächlich klingelt bald das Handy und Hermes hastet zu Hufschmied Hugo auf den Bauernhof.

„Hektor braucht einen Haarschnitt. Er kommt heute ins Fernsehen, weil er durch einen Hula-Hoop-Reifen springen kann“, sagt der Hufschmied und führt einen hellgelben Haflinger herbei.

Hermes hüstelt. „Das ist Hektor? Aber das ist ein Haustier!“

Hugo hebt die Hände. „Hauptsache, der Hengst ist hübsch fürs Fernsehen.“

Also holt Hermes seine Schere und seine Haarbürste hervor und macht sich ans Werk.

Wenig später läutet wieder das Handy. Hermes Ehrlich wird im Krankenhaus gebraucht, in dem Hebamme Heidi arbeitet.

„Es ist zum Haareraufen“, sagt die Hebamme hektisch.

H

„Ich heirate heute, aber ein Baby hat meine Hilfe gebraucht. Können Sie mir gleich hier eine Hochsteckfrisur machen? Mein Hochzeitskleid und meine High Heels habe ich schon mit."

Hastig dreht Hermes Ehrlich Heidis Haare zu einer herrlichen Hochsteckfrisur. Dazu einen Hauch von Haarspray, fertig! Hebamme Heidi hüpft vor Freude. „Hermes, Sie sind mein Held!"

Als Nächstes soll Hermes Ehrlich auf ein Haferfeld kommen. Dort wird ein Film gedreht. Die Hauptrolle spielt Häuptling Himmelblau. Doch der Häuptling hat keine passende Frisur. „Ich spiele einen angesehenen Häuptling, verstehen Sie?

Ich herrsche über hundert Hektar Haferfelder!“
Hermes Ehrlich nickt und holt Schere und Haarbürste hervor.
Er schneidet und kämmt.
Häuptling Himmelblau ist erleichtert.
„Jetzt können wir in Ruhe unseren Film drehen“, sagt er.

Wieder klingelt das Handy. Hermes Ehrlich hastet zum Haselnusswald. Dort wartet Hexe Heda auf ihn.
„Ich habe den Zauberspruch für meinen

Lieblingshaarschnitt vergessen“, klagt sie.

„So aber kann ich unmöglich zum Hexenfest gehen.“
„Kein Problem“, sagt Hermes und holt Schere und Haarbürste hervor.

„Herrlich hexisch!“, ruft Heda, als Hermes fertig ist.
Sie schwingt den Hexenstab. Es macht „hex-hoppla“.
Hexe Heda klatscht in die Hände und lacht: „Oho! Sieh einer an! Mein Hexenstab ist schlauer als ich. Er hat sich den Zauberspruch gemerkt. Die Frisur steht Ihnen ausgezeichnet, meiner Lieber!“
Erschrocken sieht Hermes Ehrlich in den Spiegel.
„Zum Glück habe ich Schere und Haarbürste dabei“, stöhnt er.

Idas Ideen

Ida liebt Eis aus Italien,
Geschichten aus Irland
und Ponys aus Island.
Vor allem liebt Ida Ideen.
Die verschenkt sie an Leute,
die nicht so viele haben.
Wie Sir Ignaz.
„Hallo, Ida! Gut, dass du kommst“,
ruft er von seinem Zwiebelturm.
Sir Ignaz ist Imker und liebt Bienen.
„Aber irgendetwas stimmt mit meinen Bienen nicht.
Hast du eine Idee?“
Ida sieht sich um. Dann sagt sie:
„Sir Ignaz, Ihr Garten ist zu trist. Bienen lieben
es bunt. Pflanzen Sie Inseln aus Blumen
und basteln Sie ein Insektenhotel für
die Freunde der Bienen.“
Sir Ignaz nickt.
„Ida, das ist eine Spitzenidee!“

Auch an die Malerin Ilvi Indigo verschenkt Ida hin und wieder ihre Ideen.

Ilvi Indigo liebt ihre Arbeit sehr. Nur nicht in diesem Augenblick.

„Igittigitt“, schimpft Ilvi Indigo. „Igel Iwan ist über meine Illustrationen gelaufen. Zwei riesige Striche sind nun mitten im Bild. Das sieht scheußlich aus. Was soll ich nur tun?!“

Ida sieht sich um. Dann sagt sie: „Machen Sie aus den Strichen Ihre Initialen. Jeder Maler macht das.“

Ilvi Indigo nickt. „Ida, das ist eine Spitzenidee!“

Ida spaziert weiter und trifft auf den Irrgarten von Erfinderin Iris Ikarus. Iris Ikarus hat schon viele Dinge erfunden, wie das Inselinternet, das Indianeriglu und jetzt den Inlineskates-Irrgarten.

„Hilfe!“, kreischt Iris Ikarus.

„Ich finde aus meinem Irrgarten nicht mehr heraus!“

Ida sieht sich um. Dann sagt sie:

„Machen Sie es wie die Indianer. Folgen Sie Ihrer Spur. Die bringt Sie in die richtige Richtung.“

Iris Ikarus nickt. „Ida, das ist eine Spitzenidee!“

Jetzt aber muss sich Ida beeilen.
Oma Inge wartet nämlich in der
Konditorei mit Ingwertee
und Indianerkrapfen auf sie.
„Ida, endlich bist du da", ruft Oma Inge. „Ich brauche deine Hilfe. Opa Ingo hat Ischias und soll in eine Spezialklinik. Dummerweise habe ich den Namen vergessen. Irgendwas mit I in Österreich!"

Ida beruhigt Oma Inge. „Nimm das Internet. Das weiß diese Dinge. In der Innenstadt gibt's ein Internet-Café."

Omi Inge nickt. „Ida, das ist eine Spitzenidee!"

Manchmal aber hat Ida keine Ideen.
Wenn sie zum Beispiel eine Geschichte für die Schule schreiben soll. Dann sind Idas Ideen auf einmal wie weggeblasen.
„Was ist los?", will Freundin Isa wissen, als Ida um vier Uhr nicht bei der Wippe ist. „Weiß du nicht, was du schreiben sollst?"
Ida seufzt.
Freundin Isa kichert. „Wie ich dich kenne, hast du heute schon viel Interessantes erlebt. Schreib einfach darüber eine Geschichte."
Ida nickt. „Isa, das ist eine Spitzenidee!"
Und in null Komma nix ist Ideenverschenkerin Ida flink bei der Wippe und wippt mit Wippfreundin Isa flink um die Wette.

Jonathan im Tal der Jodler

Jedes Jahr im Juni gibt es im Juratal ein Jodlerfest. Die Menschen kommen von überall her. Alle wollen den berühmten Jodler Johann jodeln hören.

Auch Jonathan freut sich auf das Fest. Aber nicht wegen dem Jodeln. Sondern wegen dem Jahrmarkt, der zum Fest ins Tal kommt. Kurz vor dem Jodlerfest jedoch kracht Jodler Johann mit seiner Jacht gegen eine Boje und fällt ins eiskalte Wasser. Jetzt hat er ein schreckliches Jucken im Hals.

Das klingt beim Jodeln gar nicht schön.

„So ein Jammer!“, krächzt er. „Was mach ich jetzt?!“

Schnell läuft Jonathan zu Oma Jetti. Sie weiß immer Rat. „Jodler Johann soll Johanniskrauttee trinken“, schlägt sie vor. „Der beruhigt!“

Doch als Jodler Johann davon trinkt, wird sein Jodeln schlimmer.
„Jetzt johle ich“, krächzt er.
„Besser ist, wir sagen das Fest ab.“
„Bloß nicht“, ruft Jonathan und läuft zu Judokämpfer Justus.

„Er soll Joghurt essen“, rät der Judokämpfer.
„Das esse ich auch. Joghurt macht stark!“
Doch davon wird das Jodeln noch schlimmer und Jodler Johann krächzt:
„Ob ich jemals wieder jodeln kann?“
Schnell läuft Jonathan zur Jagdhütte.

„Wir brauchen jemanden, der jodeln kann“, ruft er. „Sonst müssen wir das Fest absagen.“

Jäger Joschi lacht. „Nichts leichter als das.“

Er greift zum Jagdhorn und stimmt darauf ein Liedchen an. Jagdhund Jupiter jault mit. Die beiden klingen so schrecklich, dass Jodler Johann sie von Weitem hört.

„Wie ein jähzorniger Junikäfer!“, krächzt er.

Auch Jonathan ist nicht begeistert.

Schnell läuft er zu Jurist Juri.

„Was machst du da?“, ruft er, als er Juri im Garten sitzen sieht.

„Ich mache Joga! Das würde Jodler Johann auch guttun“, sagt er. „Das lockert den Körper.“

Doch Jodler Johann hat keine Lust sich zu verbiegen.

„Ich bin nicht mehr der Jüngste“, krächzt er.

„Es muss doch jemanden geben, der jodeln kann“, seufzt Jonathan. Auf keinen Fall will er den Jahrmarkt versäumen!

„Jodeln ist schwierig“, krächzt Jodler Johann. „Stell dir vor, deine Stimme ist wie ein Jo-Jo. Sie schwingt im Körper auf und ab. Ganz schnell. In den Bauch und in den Kopf. Mit vielen Jodlertönen: ‚Jo‘ und ‚hä‘ und ‚Ridir-ji‘, verstehst du, mein Junge?“

Jonathan überlegt. „Viele Töne? Ganz schnell? Ich glaube, das Jodlerfest ist gerettet.“

Dann ist es so weit. Das Jodlerfest beginnt.

Jodler Johann hat zwar noch ein Jucken im Hals, aber das macht nichts. „Ich zähle bis drei“, krächzt er. „Dann geht’s los! 1-2-3!“

Jonathan beginnt: „Jo, hollerä!“

Oma Jetti jodelt: „Hü-hi, diri!“
Dann Judoka Justus: „Hollerä-hü!“
Gleich darauf Jäger Joschi: „Ridl-du-i-o!“
Jetzt Jagdhund Jupiter: „Jo-uuu-iiii!“
Und zuletzt Jurist Juri: „Jo-uuu-ohm!“
Schließlich hat niemand je behauptet, dass nicht im Chor gejodelt werden darf.
Ja, und die Leute? Die jubeln.

Kleiner König Kilian

Es war einmal ein kleiner König, der ein kleines Reich regierte.

Bei seinen Untertanen hieß er Kilian, der Kugelrunde. Denn er hatte etliche Kilos zu viel auf den Rippen. Das bereitete der Königin Kummer. Die Königin, sie hieß Karoline, war kaum größer als Kilian, aber sie war rank und schlank.

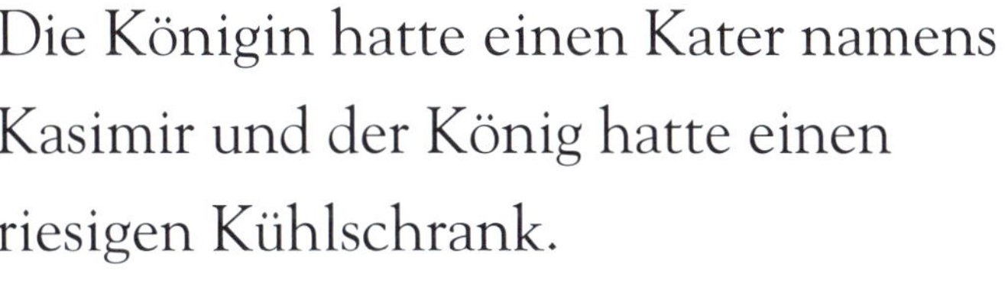

Die Königin hatte einen Kater namens Kasimir und der König hatte einen riesigen Kühlschrank.
Einen Kammerdiener hatten die beiden auch, doch der war gerade auf Kur.

„Komm in die Küche!", rief Königin Karoline eines kühlen Morgens. „Der Kamillentee wird kalt."
„Kamillentee?", knurrte König Kilian.

„Keinen Kakao?“
„Kakao? Zu viele Kalorien!“, sagte die Königin streng. „Ich werde dich Kalorine nennen statt Karoline“, knirschte der König. „Alles, was mir schmecken könnte, verbietest du mir! Keine Knödel! Keine Knackwurst! Keinen Kebab! Keinen Kaiserschmarrn, nicht einmal Königsschmarrn! Aber ein König kann nicht nur Krautsuppe mit Knäckebrot essen. Kater Kasimir kriegt köstliche Kalbskottelets! Die will ich auch!“
Die Königin seufzte: „Du isst dich noch um Knopf und Kragen. Der Kragen wird dir zu eng und bald wird dir die Krone auch noch zu klein.“
„Ach ja, die Krone“, murmelte der König und kratzte sich am Kinn. „Eben hatte ich sie noch auf dem Kopf. Doch jetzt ist sie verschwunden.“
„Deine kostbare Krone ist weg?!“
Die Königin wurde käsebleich.
„Ohne Krone bist du zu klein, Kilian. Keiner wird dich bemerken. Ohne Krone kannst du keine klugen Reden halten.“

„Zum Kuckuck mit der Krone!“, knurrte der König. „Es kommt kaum drauf an, was man auf dem Kopf hat! Es zählt, was man im Kopf hat! Kapiert?“

„Ach, Kilian, alter Knabe“, seufzte Karoline. „Einmal verlegst du deinen Kamm, einmal deine Krawatte, dann den Kugelschreiber und jetzt die Krone.
Komischer Kauz!“ Die Königin kramte in Kilians Kleiderkasten, öffnete Kisten und Koffer, suchte unter der Kommode, kontrollierte eine Kammer nach der anderen: Keine Krone!

„Hab ich einen Kohldampf!“, dachte der König und schlich klammheimlich zum Kühlschrank. Der war alles andere als klein. Er war – kolossal! So groß, dass Kilian komplett hineinkriechen konnte.

„Kokoskuppeln, ich komme!“, rief er entzückt.

Da erblickte er – die Krone. In einem Kühlfach, gleich neben den Kokoskuppeln, die er hier versteckt hatte. Genüsslich kostete er noch ein Stück. „Karoline!“, rief der König erleichtert und kroch wieder heraus. „Das Königreich ist gerettet!“

Karoline strahlte mit der Krone um die Wette. Sie fragte erst gar nicht, wo die Krone gewesen war. Karoline gab ihrem Kilian einen – na, was wohl? Klaps? Falsch!

Sie gab ihm einen – Kuss.

Die Krise im Königshaus war beigelegt.

„Und morgen feiern wir mit Kaviar!“, sagte König Kilian.

„Keinesfalls! Morgen gibt’s Karottenpüree!“, kicherte Königin Karoline.

Familie Lobinger liest

Lukas Lobinger (7) liest laut und langsam in seinem Lesebuch.

Lilly und Linda Lobinger (9 + 9) sind Zwillinge – und sehr lebhaft. Sie lesen gern lustige Lügengeschichten. Und sie erfinden selber welche, zusammen mit ihrer Freundin Lisa Leidenfrost.

Lorenz Lobinger (12), Bruder von Lukas, Lilly und Linda, ist eine echte Leseratte. Er liest für sein Leben gern, sogar in seinem Lexikon. Lorenz will Lehrer werden.

Lea Lobinger (17), lässige Schwester von Linda, Lilly, Lorenz und Lukas, liegt gern locker auf der Liege und liest Liebesgeschichten, am liebsten mit einem Lolli in der Linken.

Lumpazi, der Hund der Lobingers, ein Labrador mit lichtem Fell und langen Schlappohren, ist der Einzige in der Familie, der nicht lesen will.

Die Mutter, Leonie Lobinger (40), liest nach Lust und Laune. Manchmal muss sie dabei laut lachen. Heute liest sie ein Buch über Gulliver im Land Liliput – und lacht leise.
Der Vater, Leonhard Lobinger (43), liest die lange Liste für den Einkauf zum langen Wochenende;
Leonhards Gesicht wird auch lang (und länger):
Lauch, Lachs, Leberkäse, Limonade, Lasagne, Letscho, luftgetrocknete Linsen, Leberwurst, Lindenblütentee, Limetten, Löffelkraut, Lebkuchen, Leckerli, Leinsamen, Lorbeerblätter, löslicher Kaffee und vieles mehr.
Oma Lieselotte Lobinger (65) liest sogar mit lila Lockenwicklern am Kopf.
Opa Louis Lobinger (66) war früher Lokführer.
Er hat Augen wie ein Luchs. In seinem Zimmer leuchtet das Licht bis spät in die Nacht.
Opa Louis liest unter seiner Leselampe Bücher über Lokomotiven und Luftschiffe.

Uroma Leonore Lobinger (89) lässt sich am liebsten von Lilly vorlesen.
Uropa Ludwig Lobinger (91) liest mit der Lupe. Und er sagt: „Lirum larum Löffelstiel, wer viel liest, der weiß auch viel.“
„Logo“, lacht Linda. Und sie liest der Uroma das Gedicht vom lila Löwen Leopold vor.

L

Löwe Leopold – lammfromm

Mein Löwe – er heißt Leopold –
geht gern mit mir spazieren,
läuft an der Leine neben mir
lautlos auf allen vieren.

Er frisst nur Lattich, Lungenkraut,
liebt Lorbeer und Lavendel,
frisst keine Wurst und frisst kein Fleisch,
verschmäht auch jedes Hendl.

Sein lila Fell ist längsgestreift,
lichtblau die Lockenmähne,
und wenn man ihm den Rücken krault,
zeigt lächelnd er die Zähne.

Wenn Leo brüllt vor lauter Lust,
dann klirren alle Scheiben,
drum ist's mir lieber, er ist still
und lässt das Brüllen bleiben.

Wo's sonst noch lila Löwen gibt?
Ich weiß es nicht genau.
In Lappland nicht, in Lettland nicht
und nicht in Lustenau.

Vielleicht in London? Liverpool?
In Lissabon? In Lima?
In Lüttich? Leipzig? Laxenburg?
In Linz? Das wäre prima!

Lang lebe Löwe Leopold,
der Liebling vieler Leute!
Er ist berühmt landauf, landab,
schon lang, nicht erst seit heute.

Nachwort:
Und wenn mein Löwe Leopold,
der niemals schmollt und niemals grollt,
lustvoll die lila Augen rollt,
wenn munter er durchs Zimmer tollt,
zuletzt sich auf sein Lager trollt,
dann weiß ich: Nicht für alles Gold
verkauf ich meinen Löwopold.

L

Ritter Manuel und das Monster

Manuel, der mittelalterliche Ritter, mochte das Kämpfen gar nicht. Viel lieber kochte er für sich und seine Mama ein gutes Mittagessen. Er ging deshalb gerne zum Markt, um bei Emma, der Marktfrau, einzukaufen. Manuel aß nur Sachen, die ein M enthielten, und Emma verkaufte nur Sachen, die ein M enthielten.

Da gab es Melonen und Melanzani, Marillen und Mandarinen, Maroni und Mandeln, Makkaroni und Majoran, Marmelade und Margarine, Muscheln und Meersalz, aber auch Lamm, Semmeln und Milch. Die trank Manuel am liebsten.

Manuel mochte es auch, seine metallene Rüstung zu verzieren. Mit Marmorplättchen und Muscheln. Die anderen Ritter machten sich über Manuels Marotte lustig. Das war ein bisschen mies und mickrig, doch Manuel machte sich nichts daraus.

Eines Tages meldete ein Bote, dass ein mächtiges Monster im Wald sein Unwesen trieb.
Die Ritter versammelten sich auf dem Marktplatz.
Von dort wollten sie in den Mischwald ziehen, um gegen das Monster zu kämpfen.
Manuel versteckte sich hinter dem Marktstand von Marktfrau Emma.
Die anderen Ritter bemerkten es nicht. Mutig stürmten sie in ein mögliches Gemetzel.
Nach einer Weile kamen die Ritter zurück.
Das Monster hatte sie mit Mann und Maus in die Flucht geschlagen. Die meisten Ritter hatten dabei nicht nur ihren Mut verloren, sondern auch Schwerter, Helme und Schilde.
Manuel lachte heimlich. Er nahm einen großen Topf und ging damit in den Wald. Das Monster grölte grässlich monstermäßig. Manuel nahm seinen ganzen Mut zusammen und ging weiter.

Plötzlich hörte das Grölen auf und das Monster murmelte: „Mmmm, was für ein Glanz! Muscheln und Marmor! Ich liebe Muscheln und Marmor!“

Für einen Moment war es still.

Das Monster schnupperte.

„Mmmm, was für ein mächtig feiner Duft steigt mir in den Mund.“ (Das Monster hatte nämlich keine Nase, daher musste es mit dem Mund riechen.)

Manuel schritt auf das Monster zu und öffnete den Deckel des Topfes. „Bitte sehr!“, sagte Manuel, sehr manierlich. „Ich habe das extra für dich gemacht. Es ist eine M-Speise. Das heißt, es sind nur Zutaten drin, die mit M beginnen.“

Dem Monster kollerten Tränen über die Monsterwangen.

„Mmmmm“, sagte es, „ich mag Sachen, die mit M beginnen. Die esse ich am liebsten! Wieso weißt du das?“

Manuel lachte: „Ich kenne mich mit Monstern aus!"
„Kochst du jeden Tag so was Megafeines?", fragte das Monster schmatzend.
Manuel nickte.
„Dann will ich kein Monster mehr sein, sondern dein Freund. Und bei dir wohnen."
Manuel erschrak ein bisschen. Er überlegte. Was würde seine Mama dazu meinen?
„Meinetwegen", sagte er dann. „Aber du darfst niemanden mehr erschrecken und musst dich auch ein bisschen nützlich machen."
„Ich werde dir jeden Tag beim Kochen helfen", antwortete das Monster, nun ebenfalls sehr manierlich.
Liebe geht anscheinend auch bei Monstern durch den Magen.
„Na, schauen wir einmal ...", meinte Manuel und nahm das Monster bei der Hand.

Die Nixe Naja

„Nein, nein, und nochmals nein!“, rief die Nixe Naja. „So kann das nicht weitergehen! Alle sprechen meinen Namen falsch aus. Sie sagen nicht *Na*ja, sondern Na*ja*. Das nervt!“

Naja saß am Rand des Nixenteiches und naschte Nusstorte mit Nudelsuppe. Ein kühler Nordwind blies. Nebel hatte sich über die Landschaft gelegt und nahm den Bäumen und Blumen ihre Farbe.

Plötzlich sah Naja fünf Kinder auf den Nixenteich zukommen. Sie schienen ein wenig niedergeschlagen und nachdenklich.

Die Nixe winkte ihnen und sagte:

„Hallo, ihr Lieben, seid doch so nett und setzt euch zu mir!“

Die Kinder nickten und setzten sich ins nebelfeuchte Gras.

Zuerst sprach niemand auch nur ein einziges Wort. Das wurde der Nixe Naja aber sehr bald sehr langweilig. „Na ja …“, sagte sie, „ich habe den Eindruck, dass ihr traurig seid.“

Vier von den fünf Kindern nickten. Aber sie redeten noch immer nichts.

„Bedrückt euch irgendetwas?“

Vier von den fünf nickten noch einmal.

„Wenn ihr nicht reden wollt“, sagte die Nixe Naja, schon ein wenig ungeduldig, „dann verrate ich euch, was mich am meisten nervt!“ Und sie erzählte ihnen die Sache mit dem Namen. „Weil nämlich alle Na*ja* sagen, glauben sie, dass ich auch zu allem na ja sage und mich nicht entscheiden kann!“

„Das ist genau mein Problem“, sagte eines der nickenden Mädchen. „Ich heiße Nelli Null. Und deshalb glauben alle, ich bin eine Null. Und schön langsam glaube ich das auch!“

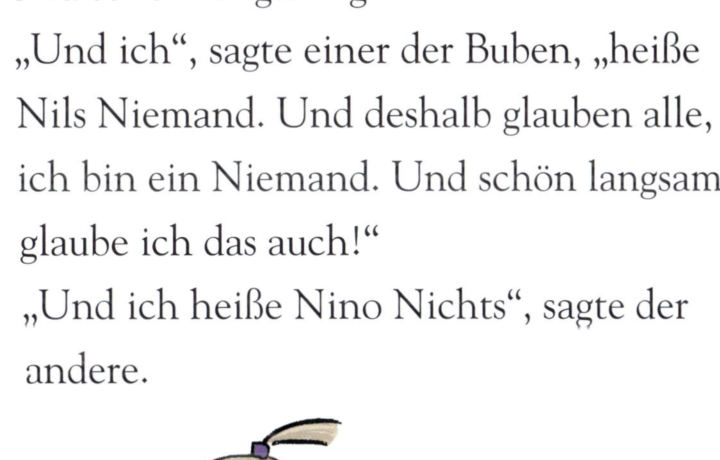

„Und ich“, sagte einer der Buben, „heiße Nils Niemand. Und deshalb glauben alle, ich bin ein Niemand. Und schön langsam glaube ich das auch!“

„Und ich heiße Nino Nichts“, sagte der andere.

„Und deshalb glauben alle, ich bin ein Nichts. Und schön langsam glaube ich das auch.“

„Und ich“, sagte das andere Mädchen, „heiße Nora Niemals. Und deshalb denken alle, dass aus mir niemals etwas werden wird. Und schön langsam denke ich das auch!“

„Na ja …“, nuschelte die Nixe Naja, „was könnten wir tun?“

Alle dachten angestrengt nach. Aber niemandem fiel etwas ein.

„Warum fällt uns nichts ein?“, fragte Naja.

„Genauso gut könnte uns doch alles einfallen!“

Plötzlich lichtete sich der Nebel. Die Bäume und Blumen leuchteten in den schönsten Farben.

„Alles oder nichts!“, rief Nino Nichts.

„Das ist die Lösung!“

„Warum? Wieso?“, fragten die anderen.

„Wir nennen uns ganz einfach ganz anders“, sagte Nino Nichts. „Ich nenne mich ab jetzt Nino Alles. Dann bin ich kein Nichts mehr!“

„Prima Idee“, sagte Nelli Null. „Ich nenne mich ab jetzt Nelli Viel. Dann bin ich keine Null mehr.“

„Und ich“, sagte Nils Niemand, „nenne mich ab jetzt Nils Jemand. Dann bin ich jemand und kein Niemand.“
„Und ich“, sagte Nora Niemals, „nenne mich ab sofort Nora Sofort. Dann wird nicht niemals etwas aus mir, sondern sofort!“
Die Nixe Naja nickte. „Und ich werde mich Jana nennen. Dann sagt niemand mehr Na*ja* zu mir.“
Nur das fünfte Kind änderte seinen Namen nicht. Denn ihm gelang sowieso immer alles. Es hieß nämlich Susanne Sowieso.

Frau Ohnesorg

Frau Ohnesorg lebt in einem kleinen, roten Haus ganz oben auf einem Hügel. Von ihrem Balkon aus kann sie das Dorf sehen.

Jeden Tag steht Frau Ohnesorg mit dem ersten Vogelgezwitscher auf und kauft im Dorf ein. Sie grüßt alle Leute freundlich. Dann geht sie zurück in ihr rotes Haus, frühstückt und zieht ihre dicke Motorradjacke an.

Ihr olivgrünes Motorrad hat sie hinter dem Haus geparkt.

Frau Ohnesorg fährt bei jedem Wetter aus. Sie kurvt über Landstraßen und Bergstraßen, an Almen und Weiden vorbei und manchmal bis in die große Stadt.

Wenn es zu regnen anfängt, macht Frau Ohnesorg Pause und stellt sich unter einen Baum, um trocken zu bleiben.

Abends schlägt Frau Ohnesorg ihr Notizbuch auf und schreibt auf, was sie gesehen hat. Sie schreibt, bis sie müde wird. Dann geht sie ins Bett und träumt von der Landstraße.
Nur in Neumondnächten bleibt Frau Ohnesorg bis nach Mitternacht auf.
Dann geht sie hinaus in die Dunkelheit und sieht sich die Sterne an.
Die Leute im Dorf verstehen Frau Ohnesorg nicht. Sie tuscheln über sie, nicht gerade böse, aber auch nicht wirklich nett.
„Haben Sie denn keine Angst vor Unfällen?", fragt der Bäcker, als Frau Ohnesorg von ihrer letzten Ausfahrt erzählt.
„Warum sollte ich?", fragt Frau Ohnesorg. „Ich fahre ja vorsichtig genug."
„Trotzdem", sagt der Bäcker und wiegt seinen kahlen Kopf hin und her.
„Fürchten Sie sich denn nicht, so ganz allein oben am Berg?", fragt die Obstverkäuferin, als Frau Ohnesorg Äpfel bei ihr kauft.
„Sie schließen ja nicht einmal die Haustür ab!"

„Vor wem sollte ich mich fürchten?“, fragt Frau Ohnesorg.

„Da ist ja niemand außer mir.“

„Vor Einbrechern“, sagt die Obstverkäuferin und schaudert. „Und vor wilden Tieren. Vor allem in der Nacht!“

„Die fürchten sich eher vor mir!“, lacht Frau Ohnesorg. „Bei all dem Krach, den das Motorrad macht!“

„Trotzdem“, sagt die Obstverkäuferin.

„Wollen Sie denn nicht bald heiraten?“, fragt der Bürgermeister, als er bei einem Spaziergang bei Frau Ohnesorg vorbeikommt. „Sie müssen doch sehr einsam sein!“

„Einsam?“, fragt Frau Ohnesorg. „Ich habe doch alles, was ich brauche. Die Berge, die Hügel, den Weg ins Tal.

Außerdem die Rehe und Hasen im Wald und jeden Tag das schönste Vogelkonzert. Wenn ich einsam bin, komme ich ins Dorf hinunter."

„Trotzdem", murmelt der Bürgermeister und kratzt sich am Kopf.

Da kommt Frau Ohnesorg ein Gedanke: Womöglich haben die Leute ja recht? Vielleicht ist es sehr gefährlich, allein und unverheiratet am Berg zu leben und obendrein noch Motorrad zu fahren?

Frau Ohnesorg beschließt, vorsichtiger zu sein. Rund um ihr Haus stellt sie Laternen auf, damit die wilden Tiere fern bleiben. Abends schließt sie die Haustür ab, sodass niemand einbrechen kann. Ihr Motorrad stellt sie in den Holzschuppen und geht stattdessen spazieren.

Sie lässt sich vom Bäcker zum Essen einladen. Vielleicht will er ja zur ihr ins rote Häuschen ziehen?

O

In der nächsten Neumondnacht steht Frau Ohnesorg am Balkon.
Alles ist vom Laternenlicht beleuchtet.
Am Himmel ist kein einziger Stern zu sehen.
Frau Ohnesorg horcht in sich hinein.
Eigentlich ist sie kein bisschen glücklicher geworden, seit sie so vorsichtig ist.
Eigentlich war das Leben vorher viel toller.
Gefährlich vielleicht, aber viel, viel spannender.
Frau Ohnesorg geht aus dem Haus. Sie löscht eine Laterne nach der anderen. Als es ganz dunkel ist, schaut sie in den Himmel. Jetzt funkeln die Sterne wieder. „Und morgen“, denkt Frau Ohnesorg, „mache ich eine Ausfahrt. Außerdem kaufe ich einen zweiten Helm. Denn vielleicht will der Bäcker ja mit?“

Paul, der Palmenpinguin

Eigentlich war Pepe ja Polarforscher. Aber so ein Arbeitsplatz am Nord- oder Südpol ist nicht gerade das Paradies. Nie Temperaturen im Plus. Fast pausenlos peitschender Wind. Und ständig Probleme mit Packeis oder dem Pelzanorak-Zipp. Deshalb hatte Pepe jetzt einen anderen Posten. Er war, seit April, Pinguinpfleger im Zoo in Paris. Pepe mochte die putzigen Tiere. An Land wirkten sie tapsig und plump. Kaum aber platschten die Pinguine ins Wasser, entpuppten sie sich als prächtige Schwimmer. Pfeilschnell, wie Torpedos, durchpflügten sie den Pool:

Pius, Petra, Piep, Pingu, Pablo, Paul ...

Pepe erkannte seine Pinguine an dem Punktemuster auf dem Bauch. Bei Paul schienen die Punkte wie mit einem Pinsel hingepatzt. Er war ein Brillenpinguin und etwas pummelig.

Kein Wunder, bei den Unmengen an Fisch, die Paul pro Tag verputzte! Besonders die pikanten Sprotten hatten es ihm angetan.

Auch heute wieder stupste er Pepe permanent und sperrte den Schnabel auf, für eine Extraportion.

„Aus jetzt, mit Pappi-la-papp!“, polterte Pepe.

„Den nächsten Happen gibt es erst nach dem Pinguinmarsch!“

Paul ließ einen beleidigten Trompetenton hören.

Doch als Pepe mit dem Schlüsselbund klapperte, trippelte er prompt zur Gehegetür.

Der Pinguinmarsch war ein Glanzpunkt im Zoo.

Da stand das Publikum Spalier und applaudierte, wenn der Pinguintrupp mit tollpatschigem Watschelgang herumspazierte.

Nur für Pepe war der Trip durch den Zoo der pure Stress. Da hopste Pius oder Pablo aus der Gruppe, dort wollte ein Professor mit ihm über Polarforschung plaudern – kurzum: Pepe musste ständig nach allen Seiten hin die Ohren spitzen und aufpassen.

Bisher hatte er seinen Trupp immer wieder komplett ins Pinguinhaus zurückgebracht. An diesem einen Tag im September aber passierte es: Plötzlich war Paul, schwuppdiwupp, verschwunden!

Pepe packte die Panik. Die Pumas ... nur ein paar Schritte entfernt ... und die Panther, die Paviane ... Er spürte, wie ihm kalte Schweißperlen den Hals hinuntertropften. Gerade wollte er Alarm schlagen, die Zoo-Polizei holen, als ein Kind neben ihm plapperte: „Papa, dort in der Palme, ist das ein Pinguin?“

Alle hoben den Kopf. Und wirklich: Oben in der Palme saß

Paul. Das heißt, man sah von unten nur Pauls Po. Und dieser wippte – und entließ, ziemlich laut polternd einen „Zuviel-an-Sprotten-und-Kapelan-Fisch“-Pups.
Pepe war einfach nur sprachlos.
Doch das Publikum prustete vor Lachen und zückte gleich die Fotoapparate: knips, knips, knips …
So kam es, dass Pepes Pinguin Paul durch die Weltpresse ging.

Die Schlagzeile lautete:
„Sonderexemplar: Pariser Zoo hat den einzigen Palmenpinguin des gesamten Planeten!"
Das Rätsel, wie Paul auf die Palme gekommen war, löste sich im Übrigen nie. Obwohl Pinguinforscher aus ganz Europa kamen, um Paul genau unter die Lupe zu nehmen.
Sie fanden „keine Spur von auch nur punktueller Flugfähigkeit" bei ihm, wie sie es auf ihre Papiere schrieben.
Pepe kratzte sich zu all dem nur am Kopf. Später aber, als im Pinguinhaus wieder paradiesische Ruhe einkehrte, belohnte er Paul mit einer Extraportion Sprotten.
Denn die hatte er sich nach seinem Palmen-Abenteuer hundertprozentig verdient.

P

Hexe Xenia

So gerne wäre die Hexe Xenia verreist. Am liebsten nach Xanadu, aber sie wusste nicht, wo das war. Am zweitliebsten nach Mexiko, aber das war zu weit für einen Ritt auf dem Hexenbesen. Wenigstens nach Zypern wäre sie gern gekommen oder nach Antalya in der Türkei oder auf die griechische Insel Naxos, aber selbst diese Entfernungen schaffte der Hexenbesen nicht.

Daher beschränkte sich Xenia auf kurze Ausflüge zum Yppenplatz nach Wien und sagte sich, dass es dort genauso bunt war wie in Antalya.

Dann flog sie wieder zurück in ihr wackeliges Hexenhaus am Fuß des Hexenbergs.

Xenia liebte Hexensprüche, Hexenkräuter, Quargel und Quitten, Quecksilber und Quacksalber, Quellen und Quallen, quakende Frösche und quiekende Enten, Yaks und Yamswurzeln, ihre eigenen wunderschönen X-Beine und das Xylophon-Spielen.

Ruhig und zufrieden lebte sie vor sich hin.

Eines Morgens jedoch hörte Xenia lautes Lachen auf der Wiese vor dem Hexenhaus.

Eine Gruppe von jungen Leuten
hatte sich dort niedergelassen.
Xenia begrüßte sie herzlich und
fragte nach ihren Namen. Sie hießen: Alexis und Alexia,
Max und Maxeline, Yannis und Yasmin und der Siebente hieß
Quentin.

Xenias lustiges Gesicht und
ihr freundliches Wesen
gefielen Quentin ganz
außerordentlich.
Sie verbrachten den
Vormittag miteinander,
erzählten einander so
mancherlei, und schließlich sagte
Xenia, sie würde ihren neuen Freunden ein Liedchen auf dem
Xylophon zum Besten geben.

Xenia kreuzte die X-Beine und begann zu spielen:
laut, falsch und mit hexischer Begeisterung.
Sowie Quentin die ersten Töne hörte, rannte er davon, als
wären x böse Hexen hinter ihm her.
Kein Wunder, denn Quentin
war von Beruf Musiklehrer.
Auch seine Freunde ergriffen
die Flucht.

Dicke Hexentränen liefen Xenia übers Gesicht. Doch kurze Zeit später schoss ihr ein Hexenspruch in den hübschen Hexenkopf:

„Komm zur Quelle,
an die Stelle,
wo die Qualle
Quasten hat.
Ich verquirl ein Ei
oder zwei bis drei:
Quentin, komm herbei!"

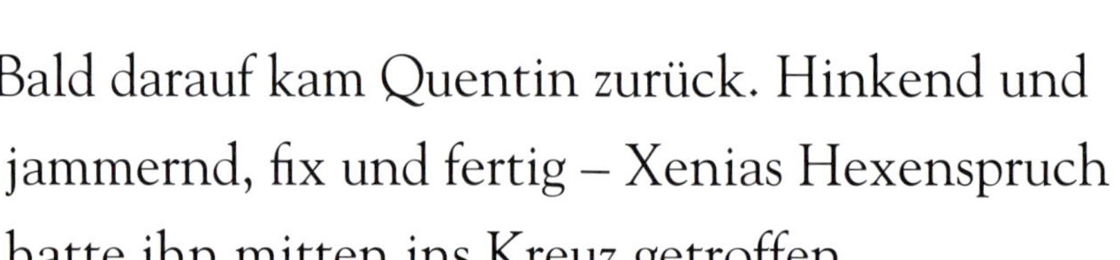

Bald darauf kam Quentin zurück. Hinkend und jammernd, fix und fertig – Xenias Hexenspruch hatte ihn mitten ins Kreuz getroffen.
„Au, au", rief er, „ich habe einen Hexenschuss!"
„Ich kann dir helfen!", sagte Xenia verschmitzt.
„Ich dir auch!", sagte Quentin.
Xenia schaute verdutzt.
„Zuerst du!", sagte Quentin.
Xenia hexte ihm in Nullkommanix den Hexenschuss weg.
Und Quentin versprach, ihr das Xylophonspielen beizubringen.

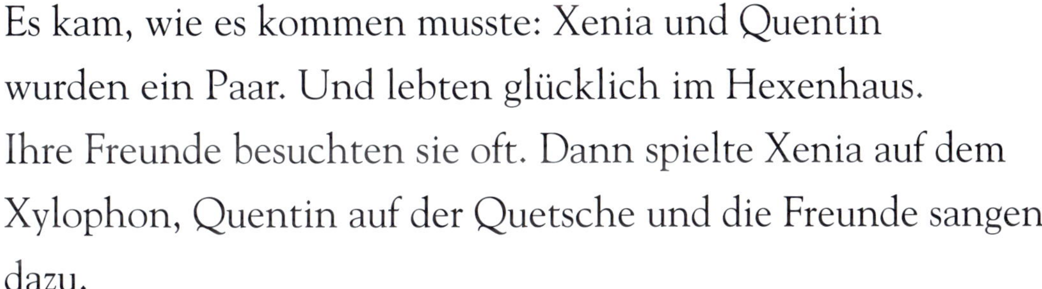

Es kam, wie es kommen musste: Xenia und Quentin wurden ein Paar. Und lebten glücklich im Hexenhaus.
Ihre Freunde besuchten sie oft. Dann spielte Xenia auf dem Xylophon, Quentin auf der Quetsche und die Freunde sangen dazu.
Mit der Zeit spielte Xenia so hexenhaft schön, dass viele Leute zum Hexenhaus kamen, um ihre Musik zu hören.
Einmal war ein wichtiger Mann dabei, der lud Xenia und Quentin ein, in Konzerten mitzuspielen. Zuerst auf dem Yppenplatz, dann auf der Insel Naxos, dann in Zypern, dann in Antalya und schließlich in Mexiko. Nur nach Xanadu sind die beiden nie gekommen.

Ronnie Rauchfangkehrerin

In einer kleinen Stadt lebte einmal eine junge Frau namens Ronnie. Sie hatte rotbraunes Haar und rosige Backen. Ronnies Traum war es, ein Restaurant zu eröffnen.

Doch Restaurants gab es in der Stadt schon genug und Rauchfangkehrer gab es viel zu wenige.
Genau genommen gab es gar keinen.
Deshalb wurde Ronnie Rauchfangkehrerin.
Sie trug schwarze Kleidung, einen weißen Hut und eine Bürste mit langem Stiel. Mit der Bürste kehrte sie den Ruß aus den Rauchfängen und in ihrer Mittagspause saß sie am Dach und genoss die Aussicht.
In jedem Haus wurde Ronnie zu Tee und Kuchen eingeladen, weil die Leute so gern mit ihr redeten.
Bei der alten Frau Ringelratz mit dem steifen Bein trank Ronnie manchmal vier Tassen Tee!

Sie lauschte den Geschichten
von Frau Ringelratz auch
zum dritten Mal geduldig.
Von Herrn Feuerrot
ließ sie sich auf der Gitarre vorspielen, denn er war ein
leidenschaftlicher Musiker.
Und bei Herrn Rotkehl, der Rezepte sammelte, probierte
sie jedes einzelne Gericht.

Eines Tages kam ein Gewitter auf.
Dicke Tropfen fielen Ronnie auf die Nase und wuschen ihr
den Ruß vom Gesicht. Das Dach wurde nass und glitschig
und als Ronnie absteigen wollte, rutschte sie aus, stürzte in
die Regentonne von Herrn Rotkehl und brach sich das rechte
Bein.

Herr Rotkehl rief die Rettung und ließ Ronnie
ins Krankenhaus bringen.
Sie bekam einen Gips und durfte
acht Wochen lang nicht arbeiten.
Die Rauchfänge mussten rußig bleiben.
Frau Ringelratz erzählte ihre Geschichten dem Briefträger,
doch der hatte keine Zeit. Herr Feuerrot spielte für sich selbst
Gitarre, doch das war nicht dasselbe. Und Herr Rotkehl ließ

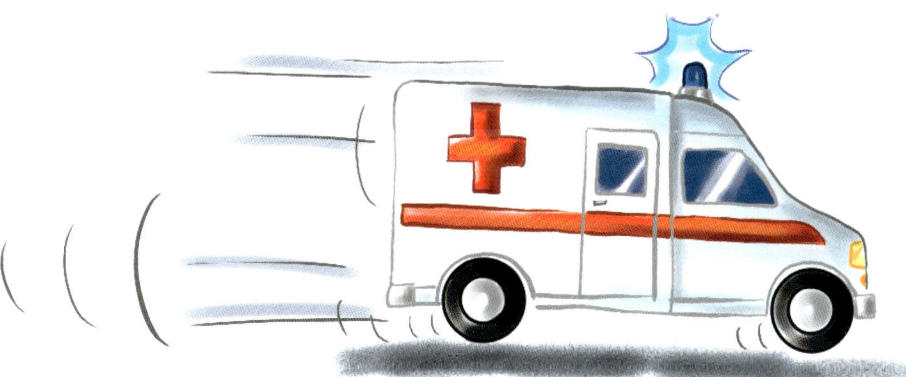

vor lauter Kummer seinen Ribiselauflauf anbrennen. Nach einer Woche läutete es an Ronnies Tür. Es war Herr Feuerrot mit seiner Gitarre.

„Mein Rauchfang ...", begann er, aber da wurde er von Ronnie unterbrochen.

„Es tut mir leid", sagte sie. „Ich kann gerade nicht arbeiten. Mein Bein ist gebrochen."

Herr Feuerrot bekam feuerrote Ohren. „Mein Rauchfang ist blitzblank geputzt", sagte er. „Noch vom letzten Mal. Aber ich dachte, Sie hätten vielleicht gern ein bisschen Musik?"

„Oh", antwortete Ronnie. „Aber gern."

Kaum hatte Herr Feuerrot seine Gitarre abgestellt, klopfte es. Diesmal war es Herr Rotkehl.

„Verzeihung", sagte er. „Ich habe eine Rübentorte gebacken und hätte gern Ihre Meinung. Möchten Sie vielleicht ein Stück?"

„Aber gern", sagte Ronnie wieder.

Kaum hatte Herr Rotkehl die Rübentorte angeschnitten, läutete es schon wieder.

Vor der Tür standen Frau Brauer und Herr Rübezahl, die drei Kinder von Familie Reif, Herr und Frau Rutsch und ein Rollstuhl. In dem Rollstuhl saß Frau Ringelratz.
„Wir haben Sie alle vermisst“, sagte Frau Ringelratz. „Möchten Sie ein wenig Gesellschaft?“
Ronnie bekam vor Freude ganz runde Augen. „Auf jeden

Fall“, sagte sie und ließ alle hinein. Herr Rotkehl holte eine zweite Torte von zu Hause und Herr Feuerrot gab ein kleines Konzert.
Schließlich fragte Frau Ringelratz: „Wann kommen Sie denn wieder zum Rauchfangputzen, Fräulein Ronnie?“
Da gab sich Ronnie einen Ruck. „Eigentlich“, sagte sie, „hätte ich lieber ein Restaurant. Dann könnten die Leute zu mir kommen.“

„Eine großartige Idee!“, rief Herr Rotkehl.
„Ich kann die Küche übernehmen!“
„Und ich die Musik!“, rief Herr Feuerrot.
„Ja, aber“, sagte Ronnie, „dann haben wir keinen Rauchfangkehrer in der Stadt.“
„Irgendjemand wird sich schon finden“, sagte Frau Ringelratz.
„Irgendjemand findet sich immer.“
Und so kam es, dass Ronnie ein Restaurant eröffnete. Es hatte einen einzigen großen Tisch, damit niemand allein sitzen musste. Ronnie liebte es von ganzem Herzen. Und manchmal, an ihrem freien Tag, kletterte sie aufs Dach und genoss die Aussicht über die Stadt.

Sachen suchen im Sand

Die Sonne strahlt vom Himmel. So hat sich Susi den Urlaub am Meer vorgestellt.
Sie will mit Simon eine Sandburg bauen. Doch der feine Sand ist zu trocken, er rieselt durch die Finger. Man kann keine Mauern formen, keinen Turm, schon gar keine Burg.
Susi beginnt ein Loch zu schaufeln. Der Sand unter dem Sand ist dunkler und feucht. Das Loch wird tief und tiefer.
„Seltsam", sagt Susi. Sie spürt etwas Hartes. „Da ist was im Sand!"
„Was kann das sein?", fragt Simon aufgeregt. „Ich hole meine Saufel!" Simon kann kein „Sch" sagen.
Aus dem Loch ist eine Grube geworden.
Doch am nächsten Tag ist die Grube verschwunden. Dafür ist Salvatore da, der Strandwächter. „Löcher müssen am Abend

zugeschüttet werden", sagt er streng, „sonst fallen Leute rein, die hier in der Nacht spazieren gehen."

Susi ist sauer. Sie schimpft sogar: „Sapperlot!"

Zum Glück weiß sie noch ungefähr, wo sie gegraben haben.

Susi und Simon bekommen Helfer:

Samuel aus Solingen, Sabine aus Saarbrücken, Sascha aus Sankt Gallen, Silvia aus Salzburg.

Die Grube ist bald wieder so tief wie am Vortag, nein, noch größer und noch tiefer.

Am nächsten Tag ist die Grube wieder zugeschüttet.

Doch Salvatore hat eine kleine Fahne an die Stelle gesteckt, damit die Kinder nicht lang suchen müssen.

„Was ist denn da im Sand versteckt?“, fragt er.
„Ein Segelschiff aus Sansibar?“
„Ein Surfbrett“, sagt Samuel.
„Ein Saurier!“, sagt Sabine.
„Hoffentlich nicht“, sagt Susi. „Sonst brauchen wir sechzehn Wochen Urlaub.“
„Ein Skelett!“, flüstert Silvia.

Susi spürt eine Gänsehaut, trotz der Hitze.
Was, wenn sie wirklich ein Skelett ausgraben?
„Was ist ein Skelett?“, fragt Simon.
„Das sind unsere Knochen“, erklärt Samuel.
„Ohne Knochen wären wir weich wie Sahnepudding.“

Am dritten Tag traut Susi ihren Augen nicht: Die Grube ist nicht zugeschüttet worden! Rundherum wurde ein Seil gespannt. Salvatore lacht. „Wie eine Baustelle.“

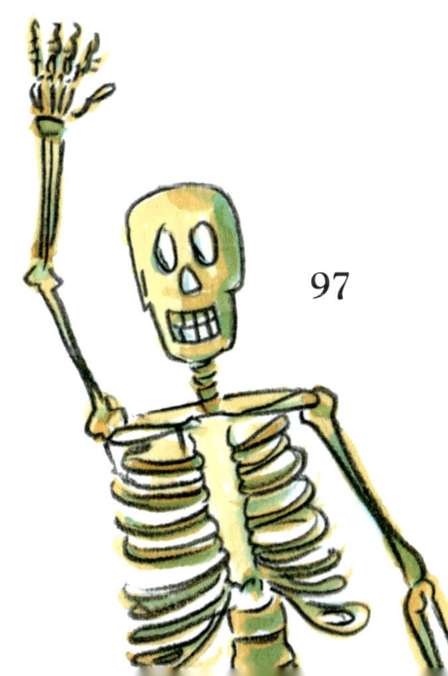

Und dann ist es so weit! Ein spannender Moment!
Die Kinder heben und drehen und ziehen das längliche Ding aus dem Sand. Salvatore hilft mit.
Schließlich liegt es da, rostig, schmutzverkrustet, verklebt, gut zwei Meter lang. Kein Segelschiff, kein Surfbrett, kein Saurier, kein Skelett!
„Was soll das sein?“, fragt Simon.
Salvatore grinst.
„Ein Sonnenschirm“, sagt Sascha enttäuscht. „Ein zusammengeklappter alter Sonnenschirm.“
Ratlos betrachten sie den Schirm von allen Seiten. Samuel kratzt am schmutzigen Stoff. Der Aufdruck einer kleinen Krone wird sichtbar und eine Schrift: „REX-Schirm.“
„Seißsirm“, sagt Simon. „Seißsonnensirm!“ Er hat sich so auf einen Saurierknochen gefreut!

„Der Sonnenschirm des Sonnenkönigs“, sagt Susi schließlich. Sie sagt es langsam und feierlich.
Sonnenkönig – das hört sich gut an! Keines der Kinder weiß, dass es ihn einmal gegeben hat. Fast keines. Susi schon. Sie ist die Älteste in der Runde. Und warum soll er nicht hier gelebt haben, der Sonnenkönig? Oder Urlaub gemacht haben am Strand? Hier, wo es so viel Sonne gibt!

Tina tut etwas

Tina würde noch viel lieber in die Schule gehen, wenn Otto nicht wäre.

Otto, der in der Klasse den Ton angibt und große Töne spuckt. Otto, der andere auslacht. Was Otto behauptet, das gilt.
Wenn Otto verkündet: „Motorboot fahren ist traumhaft", finden es die anderen auch traumhaft. Obwohl außer ihm noch niemand mit einem Motorboot gefahren ist. Das ärgert Tina.
Otto posaunt hinaus: „Trompete spielen ist blöd", und alle Kinder stimmen ihm zu. Dazu macht der Otto mit dem Mund auch noch seltsame Trompetengeräusche nach. Und alle lachen darüber. Sogar ihre Freundin Tessa. Das ärgert Tina noch mehr.

Sie hat die Ferien mit den Eltern an einem See verbracht. An einem See mit Enten, Haubentauchern, Hechten und vielen anderen Tieren.

Tina schwimmt und taucht gerne. Motorboote waren dort streng verboten. Weil sie der Natur schaden.

Tinas Vater ist Musiker. Und er spielt Trompete! Tina liebt es, wenn er spielt. Wenn etwas blöd ist, dann sind das nur Ottos Reden.

Tina überlegt, was sie tun soll.
Zuerst will sie mit Tessa darüber reden.
Ob sie die Freundin einladen darf?

„Natürlich.“ Mutter schaut Tina in die Augen.
„Hast du etwa ein Problem?“
Tina nickt und dann erzählt sie ihr alles.
„Ich verstehe“, sagt die Mutter. „Du möchtest diesem Otto die Flügel stutzen. Du weißt nur noch nicht wie.“
Tinas Mutter denkt nach.
Und dann hat sie eine Idee. „Du hast doch bald Geburtstag. Wir geben für die Kinder deiner Klasse eine Party. Alle bekommen eine Einladung, nur Otto kriegt keine. Bei der Party redest du mit den Kindern. Vielleicht entwickelt ihr gemeinsam einen Plan!“
„Meinst du wirklich?“ Tina ist aufgeregt. Sie findet die Idee großartig. Aber was ist, wenn die anderen nicht auf sie hören?

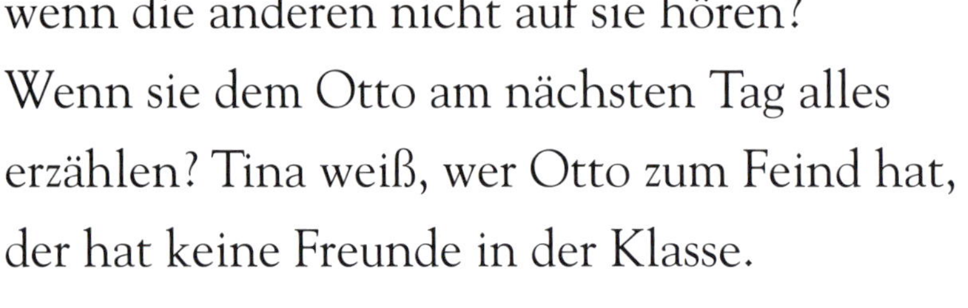

Wenn sie dem Otto am nächsten Tag alles erzählen? Tina weiß, wer Otto zum Feind hat, der hat keine Freunde in der Klasse.

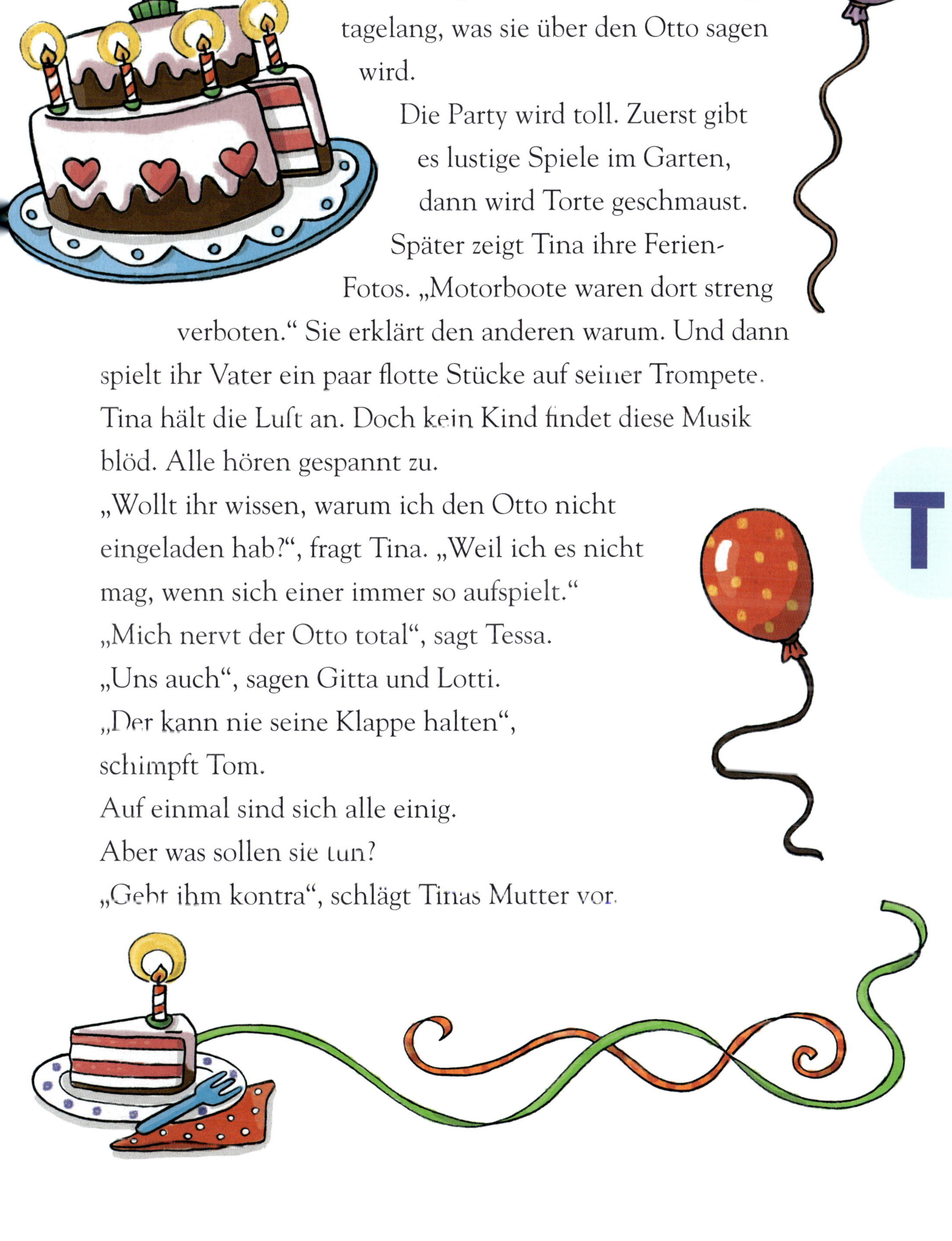

Doch sie wagt es trotzdem. Sie überlegt tagelang, was sie über den Otto sagen wird.

Die Party wird toll. Zuerst gibt es lustige Spiele im Garten, dann wird Torte geschmaust. Später zeigt Tina ihre Ferien-Fotos. „Motorboote waren dort streng verboten." Sie erklärt den anderen warum. Und dann spielt ihr Vater ein paar flotte Stücke auf seiner Trompete. Tina hält die Luft an. Doch kein Kind findet diese Musik blöd. Alle hören gespannt zu.

„Wollt ihr wissen, warum ich den Otto nicht eingeladen hab?", fragt Tina. „Weil ich es nicht mag, wenn sich einer immer so aufspielt."

„Mich nervt der Otto total", sagt Tessa.

„Uns auch", sagen Gitta und Lotti.

„Der kann nie seine Klappe halten", schimpft Tom.

Auf einmal sind sich alle einig.

Aber was sollen sie tun?

„Gebt ihm kontra", schlägt Tinas Mutter vor.

Am nächsten Tag hört Otto die Kinder von der tollen Party bei Tina reden. Es wurmt ihn sehr, dass er nicht eingeladen war.

„Wollt ihr wissen, warum die Party so toll war?“, fragt Tina.

„Weil keiner dumme Sprüche geklopft hat“, sagt Tessa. „‚Motorbootfahren ist traumhaft!‘ Der tickt nicht richtig. Motorboote stören nur in der Natur.“

„Und Trompete spielen klingt echt cool“, sagt Tom.

Otto denkt nach. Er tickt nicht richtig. Wie eine Uhr, die vorgeht? Mama hat auch gesagt, er ist vorlaut. Stimmt. Otto ist traurig. Leiser treten ist angesagt. Da fällt ihm seine Trompete ein. Liegt gut versteckt hinter seinem Bett. Trompete spielen klingt echt cool? Trompete üben wäre nicht schlecht. Vielleicht gewinnt er damit Tom als Freund und alles wird gut.

Buhu, das Uhukind

Unermüdlich war die Uhu-Mutter unterwegs, um Futter für die hungrigen Jungen zu suchen. Erst machte sie „Schu-hu!“, dann „Glugg-glugg“ und schon sperrten sie die Schnäbel auf. Nur Buhu, das Uhu-Mädchen, nicht.

„Was hast du da im Schnabel?“, fragte es neugierig.

„Zuerst schlucken, dann reden“, antwortete die Uhu-Mutter streng.

Da heulte Buhu, so laut sie konnte: „Bu-hu-huuu!“

„Fuchs, wenn du es genau wissen willst“, murrte die Uhu-Mutter. „Und jetzt wird gefressen. Husch, husch!“

Bald warf die Uhu-Mutter den Jungen die Beute im Ganzen vor. „Teilt das untereinander auf“, verlangte sie. „Mit dem Greiffuß festhalten und mit dem Schnabel hacken.“

Unvermutet landete ein kleines Pelztier im Horst.

U

Nur Buhu fiel auf, dass es noch lebte. Sie drängte die anderen beiseite und deckte es mit einem Flügel zu.

Der Zufall wollte es, dass der Uhu-Vater gerade mit einem Habichtjungen angeflogen kam. „Aus dem Nest gefallen, mausetot", gab er kund, weil er sich Buhus Fragen ersparen wollte. Die Uhu-Mutter war wieder unterwegs auf Beutesuche.

Während sich Buhus Geschwister um jeden Bissen rauften, schob sie das Pelztier unbemerkt an sich heran. Sie fühlte, wie es vor Angst zitterte.

„Ganz ruhig, ich tu dir nichts. Wie heißt du?", fragte sie.

„Waldmaus", antwortete das Tier.

„Erzähl mir was, Waldmaus", bat Buhu.

„Ich heiße Buhu und höre dir zu.
Kannst du klettern?"

„Schon", piepste die Waldmaus.
„Aber nicht über steile Felsen."

„Keine Sorge! Mir wird zu deiner Rettung sicher was einfallen", versprach Buhu.

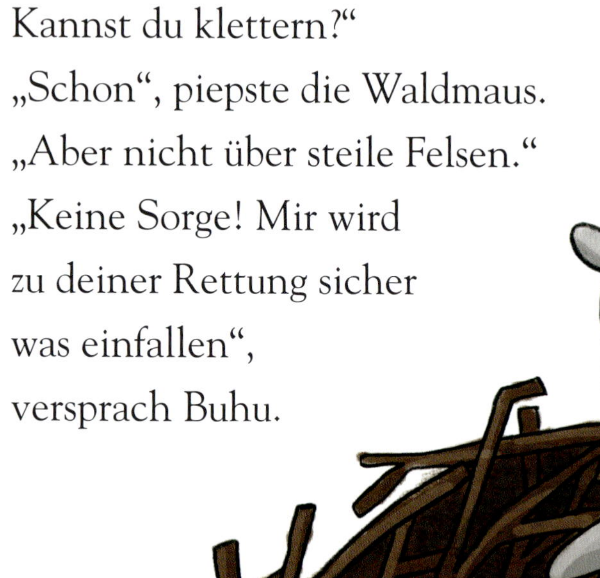

Die anderen Jungen hockten satt und zufrieden da.
„Wir müssen Acht geben“, wisperte Buhu. „Komm, ich will dich hudern.“
„Huch! Was ist hudern?“, fragte die Waldmaus.
„Wärmen und schützen“, sagte Buhu liebevoll und schob die Waldmaus unter ihren Bauch. Sie neigte den Kopf und lauschte ihren Schilderungen.
Die Waldmaus erzählte spannende Geschichten aus ihrem Wald. Vernahm sie das Rauschen der Uhu-Schwingen, verstummte sie.
Die Sonne ging unter und wieder auf und das viele Male. Die Waldmaus blieb unentdeckt.
Die Uhu-Mutter bemerkte nur, dass Buhu keine Fragen mehr stellte.
„Du“, bat die Waldmaus, „ich muss zurück in den Wald.“

U

„Hab Geduld! Sobald ich fliegen kann, bringe ich dich hin“, versprach Buhu und flatterte mit den Flügeln.

„Bravo, Buhu“, lobte die Uhu-Mutter. „Zeit zum Fliegenlernen!“

Die Jungen übten Stunden um Stunden. Buhu gelang es als Erste, eine Runde zu schweben. Die Waldmaus blickte ihr nach und vergaß alle Vorsicht.

„Super Spielzeug!“, riefen die Jungen und wollten sich auf sie stürzen.

„Nur für mich!“ Buhu nahm ihre Freundin in den Schnabel und stieß sich mutig vom Horst-Rand ab. Erst trudelte sie, doch dann bekam sie Aufwind und segelte sicher zur Erde nieder. Behutsam setzte sie die Waldmaus auf den Boden. „Geschafft“, sagte sie zufrieden und blickte sich um.

Hier war also der Wald, von dem ihre Freundin so viel erzählt hatte. Aber wie kam sie wieder zurück?
Verzweifelt flatterte sie mit den Flügeln.
„Bu-hu-huuu!“, klagte sie.
„Keine Angst, Buhu!“, rief die Uhu-Mutter. „Du bist klug und stark. Du schaffst es.“
„Komm“, piepste die Waldmaus aus ihrem Versteck. „Ich werde dich hudern!“

U

Vroni, mach Muh!

Seinen Vornamen kann man sich nicht aussuchen. Vroni war verärgert darüber, denn sie wollte auf gar keinen Fall Vroni heißen. Aber Vronis Papa hatte von vornherein darauf bestanden, dass seine Tochter den Vornamen von der Vroni-Omi bekommen sollte.

„Wenn ich könnte, würde ich den Namen Vroni verbieten“, verkündete Vroni. So wenig mochte sie ihn.

„Ich kann das verstehen“, sagte Mama, „schließlich wollte ich, dass du Lena heißt.“

Als Vroni das hörte, verlangte sie, dass alle Lena zu ihr sagen sollten.

Opa hatte es zwar vernommen, aber gleich wieder vergessen. Er war der Einzige, der sie immer noch Vroni nannte, manchmal vier Mal hintereinander. Das konnte man nicht verhindern.

Am vierten September kam Vroni in die Volksschule. Die Lehrerin verlas die Namensliste aller Kinder der ersten Volksschulklasse. Vroni wusste, welcher Vorname von ihr darauf stand. Wie gerne hätte sie diese Liste vernichtet, ihren Vornamen mit einem Filzstift verschmiert oder mit einem Papierstreifen verklebt.

„Hoffentlich geschieht ein Wunder“, dachte Vroni. „Vielleicht kommt ein Windstoß und verbläst die verflixte Liste.“ Vor dem Fenster saß ein Vogel auf einem Ast. „Flieg herein und lass einen Klecks auf meinen Vornamen fallen“, dachte Vroni verzweifelt. Der Vogel ließ ein Piepsen vernehmen und flog davon.

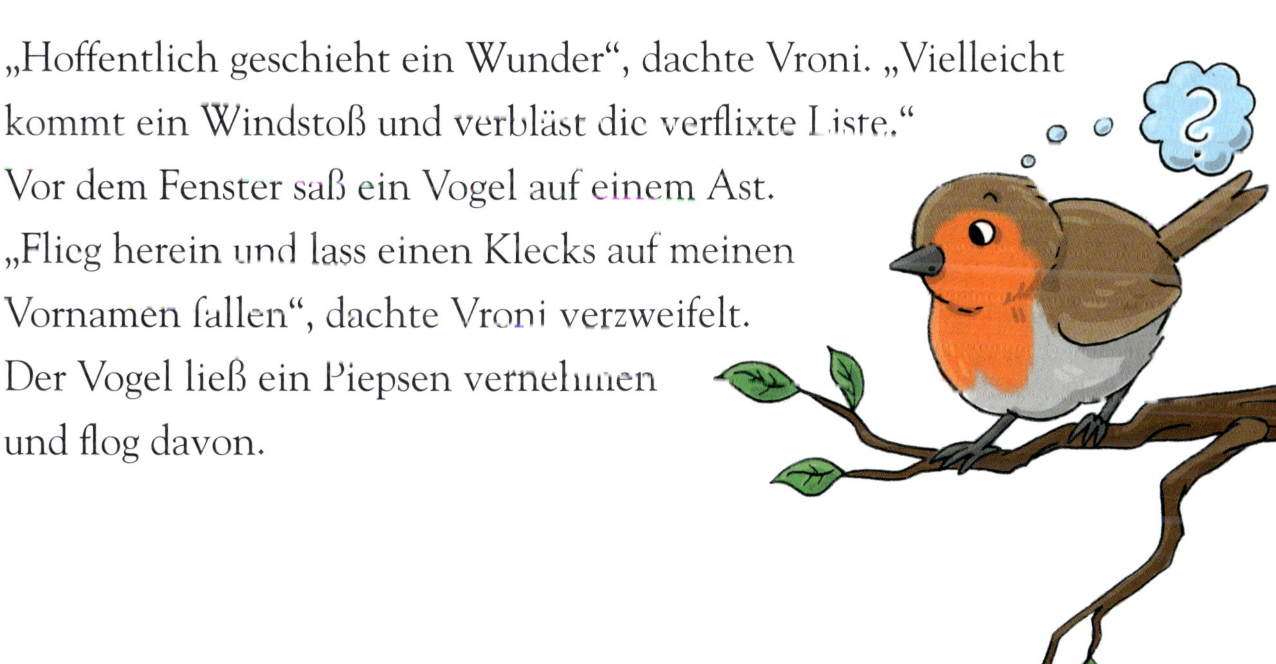

Vroni saß mit verschränkten Armen da und wartete verdrossen, bis ihr Name an die Reihe kam. Vielleicht sollte sie vom Sessel fallen. Oder wie von einer Vogelspinne gebissen aufs Klo rennen. Zu spät!
„Vroni Vorhofer“, las die Lehrerin. „Ein Name mit drei o.“ Sie nickte Vroni freundlich zu. Die hätte sich am liebsten unter dem Tisch verkrochen. Wenigstens blieb sie von anderen Anmerkungen verschont. Vorläufig.
Der vorlaute Volker hatte in den Ferien eine Kuh gestreichelt, die Vroni hieß.
„Vroni ist ein Rindvieh!“, verkündete er nachher im Klassenzimmer, ganz laut, dass es alle Kinder hören konnten. Und nun wurde Vroni von ihnen verspottet.

„Vroni, mach Muh!“, verlangten die einen.
„Muh! Muh!“, riefen die anderen.
Vroni fühlte sich verraten und verkauft. Sie verspürte eine Wut, die jeden Moment platzen konnte wie ein voll aufgeblasener Ballon. Verheult kam sie nach Hause.
„Was ist denn, Vronilein?“, fragte Opa verwundert. „Hast du verschlagene Winde?“
Verärgert verschwand sie in ihrem Zimmer.
Doch Vroni fiel immer eine vernünftige Lösung ein. „Opa kann nichts dafür“, dachte sie und fing an, über seine Worte zu kichern. „Aber dieser vorlaute Volker! Von dem lass ich mich nicht mehr veralbern“, dachte Vroni. Da fiel ihr ein, dass sie einmal im Kindergarten verspottet worden war.
Damals hatte ihr Mama vorgeschlagen, dass sie mitlachen sollte.

Vroni seufzte. Mitlachen, sich nicht anmerken lassen, dass man voll verärgert und verletzt ist. Denn darüber freuen sich die anderen nur. Dieser Volker sollte ihr nicht noch einen Schultag vermiesen! Und dann hatte sie eine Idee.

„Hallo, Rindvieh!", grüßte Volker sie am nächsten Morgen in der Klasse.

„Hallo, Vollkoffer", grüßte Vroni zurück und grinste.

Volker sah sie verwundert an und verstummte.

Wanda Wunderlich

Es war wunderbares Wanderwetter. Also zog Wanda Wunderlich gleich nach dem Aufwachen ihr Wandergewand an. Dann wickelte sie zwei Wurstbrote ein. Dazu noch die Wasserflasche – und schon war Wanda unterwegs. Sie liebte es zu wandern! Durch Wiesen und Wälder, talaufwärts, talabwärts, immer dem Wind und dem nächsten Wunder nach. Wanda war nämlich eine Wundersucherin.

Was würde heute wohl das erste Wunder sein, das Wanda erwartete?

Zwanzig Schritte später wusste sie es: die Löwenzahnwiese!

W

Die gelben Blüten waren über Nacht zu weißen Wattebäuschen geworden, die der Wind hangabwärts wehte. Wanda bewunderte ihr Schweben eine Weile, bevor sie weiterging. Wie gut doch die Wildkräuter dufteten! Wanda warf sich, wo sie stand, hinein ins wogende Gras. Mit weit geöffneten Augen schaute sie den Wolken nach.
Sie verwoben sich zu einem Wabenmuster, wurden wie von einem unsichtbaren Nudelwalker auseinandergewalzt und verwandelten sich in wunderliche Wesen. Wanda sah einen Buckelwal, zwei Schweine mit Schwertern sowie eine Warzenhexe.

Aber jetzt war es Zeit, die Wolken ziehen zu lassen – und womöglich ein paar Wunder für die Wundertasche zu finden.

Die extra-weite Tasche für Wunder zum Mitnehmen hatte Wanda erst letzten Mittwoch in ihren Wanderrock eingenäht. Zwei Stunden später wog sie schon ziemlich schwer. Es waren darin: ein Weinbergschneckenhaus, mehrere außergewöhnlich gewachsene Wurzeln, ein kiwigroßer Wackelstein und zwölf rauchschwarze Schwalbenfedern.

Jetzt war Wanda wirklich müde! Auch spürte sie ein Zwicken und Zwacken in den Waden. Kein Wunder: Sie war schon ewig unterwegs! Unter einem Weidenbaum fand sie ein weiches Plätzchen. Ein Schluck von dem Wasser – die Wurstbrote mussten noch warten. Denn Wanda brauchte ein wenig Schlaf.

Dieser währte allerdings nicht lange.

Was war das? Verwirrt fuhr Wanda hoch. Sie hörte ein Wimmern und Winseln.

Aber woher kam es? Aus dem Weizenfeld?

Hellwach lauschte Wanda. Nein, das Gewinsel war näher, unter der Weide, ganz nah. Der Wanderrucksack! Verwundert sah Wanda, wie er sich bewegte …
Argwöhnisch tastete sie hinein. Da war das Wickelpapier, aber ohne Wurstbrote darin – und weiter unten: ein warmes Fell!
„Wuff!“, machte das dazugehörige Wesen, als Wanda es behutsam heraushob.

Es war zweifellos ein Welpe. Und obwohl Wanda sich mit Hunden wenig auskannte, wusste sie sofort: Ihre Wurstbrote hatte ein wirklich hungriges Hundekind verspeist!
Sie streichelte den schwarz-weißen Winzling. Da hörte er auf zu winseln und stieß ein wohliges Heulen aus.
Wanda musste lachen.
„Weißt du was?
Ich nenne dich Wolf.
Und wenn du willst, kannst du bei mir wohnen.“

Wolf wedelte beschwingt mit dem Schweif. Also wandte sich Wanda heimwärts. Zum Glück wuchsen beim Weiher jede Menge Walderdbeeren. Wanda aß davon, bis ihr Hungerbauchweh verschwunden war. Der Welpe „Wolf“ wich währenddessen nicht von ihrer Seite …
So hatte also Wanda in ihrem eigenen Rucksack den wunderbarsten Wunderfund aller Zeiten gemacht.
Wolf wurde ein treuer und stets wachsamer Begleiter auf all ihren Wanderungen. Zwar interessierte er sich für ganz andere Wunder als Wanda, die da waren: Wühlmäuse, Maulwürfe, Wildkaninchen und so weiter – aber das machte nichts. Denn wenn Wolf ihnen erwartungsvoll nachjagte, dachte sich Wanda inzwischen auf der Wiese weitere Wolkengeschichten aus.

W

Der Zauberer Zubin Zeta

Der Zauberer Zubin Zeta zog den Hut. Einen schwarzen Zylinder. Das Publikum klatschte zögernd.

Zubin Zeta war verzagt. Seine Zauberkünste zogen die Zuschauer nicht mehr in ihren Bann. Am liebsten hätte der Zauberer Zubin Zeta die Vorstellung abgesagt.
Zehn Zuschauer zählte er im Publikum.
In besseren Zeiten hatte er zehn- oder zwanzig- oder fünfzigmal so viele gehabt.
„Nicht zickig werden", sagte Zubin Zeta zu sich selbst.
„Einfach nur zaubern."

Zaghaft breitete er das Zaubertuch über den Zylinder, murmelte ein paar Zaubersprüche und dachte: „Bitte, kein Kaninchen! Nicht schon wieder ein zappeliges Kaninchen. Ich will einmal etwas anderes aus meinem Hut zaubern – eine Ziege, ein Zackelschaf oder ein Zebra."

Da sprang tatsächlich ein Zebra aus dem Zylinder. Es stand da, auf weit gespreizten Beinen, und blinzelte den Zauberer aus schwarzen Augen an.

Dann ging ein Zucken durch seinen Körper und das Zebra zischte davon. Die Zuschauer klatschten begeistert.

Doch Zubin Zeta war zutiefst erschrocken und rannte dem Zebra nach, so schnell ihn seine zitternden Beine trugen.

Da sah er voller Entsetzen, dass das Zebra zügig auf die Hauptstraße zulief, auf der unzählige Autos daherbrausten.

Mitten auf der Straße stolperte das Zebra, fiel hin und konnte sich vor Schreck nicht mehr aufrappeln.

Der Zauberer blieb stehen. Er zitterte wie Zedernnadeln. Doch plötzlich geschah etwas, das grenzte selbst für den Zauberer Zubin Zeta an Zauberei: Die Autos bremsten und hielten kurz vor dem Zebra an.

Beherzt schritt der Zauberer auf das Zebra zu und half ihm auf die zitternden Beine. Der Zauberer streichelte es, zuerst zaghaft, dann zärtlich. Da wurde das Zebra ganz handzahm und folgte dem Zauberer zurück in die Vorstellung.

Die Zuschauer klatschten noch begeisterter als zuvor.

Der Zauberer nahm das Zebra mit zu sich in sein Zauberhaus. Erschöpft schlief das Zebra ein.

Der Zauberer saß lange wach und dachte nach: Wenn das Zebra eine solch zähmende Wirkung auf Autofahrer hatte, dann könnte man diesen fast zauberischen Effekt doch für sinnvolle Zwecke nützen. Der Zauberer nahm ein Blatt Papier zur Hand. Er zeichnete eine Straße und quer darüber die schwarz-weißen Streifen des Zebras.

Solche Zebrastreifen würden vielleicht die gleiche Wirkung herbeizaubern wie ein echtes Zebra, das zitternd auf der Straße lag.

Die für den Straßenverkehr zuständigen Leute waren von der Idee des Zauberers ganz begeistert. Sie malten an allen belebten Straßen einen Zebrastreifen für die Fußgänger.
Und siehe da – wie durch Zauberhand hatten sie dieselbe Wirkung wie ein echtes Zebra: Die Autos hielten an.
Der Zauberer Zubin Zeta wurde für diese Erfindung – zack zack – berühmt.
Und in seine Vorstellungen kamen wieder hundert oder zweihundert oder fünfhundert Zuschauer. Alle wollten sehen, wie der Zauberer ein Zebra aus dem Zylinder zaubert. Und das tat er auch. Nur wussten die Zuschauer nicht, dass es immer dasselbe zahme Zebra war.

Z

Verzeichnis der Autor*innen und Illustratorinnen

Susa Hämmerle / Petra Probst

A – Affenbande
E – Die elfte Elfe
P – Paul, der Palmenpinguin
W – Wanda Wunderlich

Michaela Holzinger / Cornelia Seelmann

G – Oweia, ein Gruselgeier!
H – Hermes Ehrlich schneidet Haare einfach herrlich
I – Idas Ideen
J – Jonathan im Tal der Jodler

Kai Aline Hula / Katharina Reichert

B – Brille gesucht!
F – Freddys großer Flug
O – Frau Ohnesorg
R – Ronnie Rauchfangkehrerin

Christine Rettl / Elke Broska

D – Didi Delfin
T – Tina tut etwas
U – Buhu, das Uhukind
V – Vroni, mach Muh!

Franz Sales Sklenitzka / Dorothea Tust

C – Camping
K – Kleiner König Kilian
L – Familie Lobinger liest
S – Sachen suchen im Sand

Jutta Treiber / Carola Holland

M – Ritter Manuel und das Monster
N – Die Nixe Naja
QXY – Hexe Xenia
Z – Der Zauberer Zubin Zeta

Ein Vorlesebuch für die ganze Familie

Sechs wunderbare Geschichten aus der Feder von Mira Lobe.

- KOMM, SAGTE DER ESEL
- KOMM, SAGTE DIE KATZE
- DANN RUFEN ALLE HOPPELPOPP
- TINY
- DIE YAYAS IN DER WÜSTE
- LEB WOHL, FRITZ FROSCH

Ab 4 Jahren, 164 Seiten
21 x 28 cm, Hardcover
vierfarbig illustriert
ISBN 978-3-7074-2017-3

„Und jetzt der Mutigste!", sagte Hoppelpopp.
Er führte sie zum Bach, stieg hinein und schwamm hinüber.
„Wer macht es mir nach?", rief er von drüben.
Kanikl, Könikl, Kinikl, Kaunikl und Kunikl standen am Ufer.
Keiner wollte es nachmachen.
Hoppelpopp legte eine Karotte ins Gras.
„Wer holt sie sich?", rief er.
Kaunikl steckte seine Vorderpfote ins Wasser und zog sie heraus.
Er steckte die zweite Vorderpfote ins Wasser und zog sie heraus.
Er steckte beide Vorderpfoten und beide Hinterpfoten
ins Wasser und schwamm durch den Bach.
„Du bist der Mutigste!", sagte Hoppelpopp.
Kaunikl knabberte an seiner Karotte und war stolz.
Die anderen standen noch immer drüben am Ufer.
„Ich bin der Mutigste!", rief er ihnen zu.
„Ich bin besser als ihr."

Fabelhaft illustrierte Bilder von Angelika Kaufmann ergänzen die Geschichten zu einem großen Ganzen und machen sie zu einem unvergesslichen Erlebnis für alle Leserinnen und Leser jeglichen Alters.

A B C

H I J

O P Q

V W X